Joseph Puffer

Betrachtungen über die jüngsten Ereignisse in Italien mit Bezug auf Österreichs Zukunft

Joseph Puffer

Betrachtungen über die jüngsten Ereignisse in Italien mit Bezug auf Österreichs Zukunft

ISBN/EAN: 9783743446816

Hergestellt in Europa, USA, Kanada, Australien, Japan

Cover: Foto ©Suzi / pixelio.de

Manufactured and distributed by brebook publishing software (www.brebook.com)

Joseph Puffer

Betrachtungen über die jüngsten Ereignisse in Italien mit Bezug auf Österreichs Zukunft

Betrachtungen

über

die jüngsten Ereignisse in Italien

mit Bezug

auf Oesterreichs Zukunft!

Vom Verfasser der „Skizze der Ereignisse an der unteren Donau
i. d. Jahren 1848/49 ꝛc."

Leipzig, 1860.

J. L. Schrag's Verlag (A. G. Hoffmann).

Vorwort.

Bereits sind aus mehr und minder geübten Federn kurze Abrisse, Skizzen über diese Ereignisse zu Tage getreten, ausführlichere Werke, denen umfangreichere Quellen zu Gebote stehen, werden folgen, es muß daher von vorneherein erklärt werden, daß diese Betrachtungen dahin sich beschränken, nach kurzer Darlegung der Thatsachen, wie sie sich aus der bestandenen politischen Situation aneinander gereiht — Erwägung der aus selben zu folgernden gegenseitigen Stellung jener Mächte, welche darauf Einfluß nehmen, — ferner durch Andeutung des dermaligen Standpunktes jener geistigen Hebel, welche theils naturgemäß, theils mit schlauer Berechnung künstlich geschraubt und verschraubt das Leben der Völker bedingen — endlich zu dem Schlusse zu gelangen, welchen Weg Oesterreich zu gehen hätte, um den empfangenen Schlag wo nicht ganz zu entkräften, doch zum größten Theil unschädlich zu machen, seine künftige Existenz zu sichern!

Einleitung.

Ein fünfwöchentlicher Waffenstillstand wurde von Kaiser Napoleon angesucht, vom Kaiser Franz Joseph angenommen; auf dem Fuße folgte der Friede, von beiden Monarchen persönlich zu Villa franca abgeschlossen, und es endete somit ein Abschnitt des Dramas, welches der Neffe des großen Onkels in Scene gesetzt.

Ob dieser Abschnitt nur ein Vorspiel war, wird die Zukunft lehren. Unzweifelhaft wird dies der Fall sein, denn — Bewegungen — wie sie jetzt in's Leben getreten — Völkeraufregungen — wie sie jetzt wachgerufen, lassen sich nicht gebieterisch in kurzen Zeiträumen zum Abschluß zwingen, und tragen ihre Schwingungen über jedes berechnende Ziel hinaus; denn wer kann sagen, wo sie anprallen — und einen Rückstoß — und welchen finden; was sie überfluthen, wo ihre Grenze gezogen!

Der Mann, welcher aus persönlichem Interesse sie heraufbeschworen, möge es vor Gott verantworten; an uns Menschen ist es, die Situation mit ruhiger Besonnenheit in's Auge zu fassen, — die Tragweite der vollendeten Thatsachen zu erwägen, — und daraus mit möglichst unpartheiischer Gründlichkeit logische Schlüsse für die Zukunft zu ziehen. —

Eine klare und unpartheiische — den Verhältnissen und Ereignissen analoge Folgerung ist jedoch bei jetziger kolossaler Rechtsverwirrung und Rechtsverdrehung keine leichte Aufgabe, um so mehr, als die Unmöglichkeit eingestanden werden muß, allen leitenden Fäden bis zu ihren Ursprüngen zu folgen. —

Um daher zu einem möglichst richtigen Bild zu gelangen, wird es nothwendig, weiter rückwärts in die Ereignisse zu greifen, und sodann die leitenden Kräfte (physisch und moralisch) in ihrer Wechselwirkung in Betracht ziehen.

I. Oesterreichs Politik im Orientalischen Kriege und deren Folgen.

Als Czar Nikolaus im Jahre 1853 den längst gehegten Plan — der Herrschaft der Pforte in Europa ein Ende zu machen — zur Ausführung bringen wollte, rechnete er wohl für die im Jahre 1849 Oesterreich geleisteten Dienste sowohl — als der persönlichen freundschaftlichen Stellung zu Kaiser Franz Josef, daß diese Macht — wo nicht eingehend in seine Pläne, wenigstens entschieden neutral bleiben werde. Frankreich's und England's ernste und engste Coalition als Gegner lag wohl auch außer dem Bereiche seines Calculs. —

Anders war es aber im Buche des Schicksals, oder vielmehr im Kopfe jenes schlauen Mannes beschlossen, der mit richtigem Scharfblicke und unbeugsamer Consequenz jedes Ereigniß für seinen Vortheil auszubeuten versteht. —

Das sonst so bedächtige und berechnende England ward in den Geld und Blut kostenden Strom gezogen, der dem vor Napoleon's Füßen bereits angehäuften bedrohlichen Schlamm wegschwemmen mußte, und Oesterreich's ritterlicher Kaiser Franz Josef erklärte zum Staunen Europa's und noch größerem Staunen des Czar's sich **gegen** Rußland's agressives Vorgehen über die Donau, und setzte dieser Bewegung einen lebenden Damm von 20,0000 Bajonetten an seinen östlichen Reichsgrenzen entgegen.

In wie weit diese Politik folgerecht im Interesse Oesterreich's war, soll hier nicht in Betracht gezogen werden. Es ist eine Frage der Zukunft, und jede Debatte hierüber vor der Hand unfruchtbar.

Soviel jedoch ist für die Gegenwart entschieden, daß durch selbe Rußland zum Feinde Oesterreich's wurde, ohne darum die Pläne desselben für den Orient zu zerstören. — Diese wurden nun für eine günstigere Periode vertagt. — Rußland versteht zu warten. —

Andererseits blieben aber auch die Westmächte in ihren Erwartungen unbefriedigt, da Oesterreich zum thatsächlichen Einschreiten sich nicht entschließen wollte.

Graf Buol — der Lenker dieser Politik schmeichelte sich wohl, Rußland werde es dankbar in Rechnung tragen, daß die österreichischen Truppen die Marken nicht überschritten! — Eine Täuschung, die bald zu Tage trat, daher diese Politik jedenfalls als eine verfehlte bezeichnet werden dürfte.

Die unausweichliche Folge solcher Halbheit nach beiden Richtungen war, daß Oesterreich gänzlich isolirt auf Europa's politischer Bühne stand, als Napoleon für seine Zwecke genug gethan fand, und mit dem jungen Czar einen Vertrag einging, während Franzosen, Engländer, Piemontesen und Russen unter den Mauern Sebastopols sich decimirten.

Das überraschte England mußte seinem Busenfreunde zu Willen Frieden schließen, eben so wenig wissend warum, als es früher gewußt, wie es zum Kriege gekommen.

Die Entente cordiale forderte gebieterisch ihr Opfer; und so stand England am Schlusse dieser Periode mit dem Lächeln des verkappten Grimmes auf den Lippen in sich zurückgezogen, für den Augenblick gleichgiltig gegen Alles, außer seinem directen Interesse, Rußland die Faust im Sacke geballt, Preußen kalt, gleichgiltig was man von ihm halte und sage, wenn es nur seine Zwecke fördere, das naseweise Piemont mit schon voraussichtlicher Mitwirkung Napoleons in das Concert der Westmächte geschmuggelt, Deutschland wie sonst ein Riese ohne Arm und Bein — richtiger gesagt: „ohne Kopf!" —, und jedem Wohlmeinenden mußte es schaudern, einen ernsten Blick in die nächste Zukunft zu werfen.

Es folgten nun mit Umsicht die Vorbereitungen zu den ferneren Plänen, welche in Napoleons Mappe längst ausgefertigt lagen. —

Inschutznahme des Banditen Danilo — Umtriebe in Albanien, Bosnien ꝛc., die Catastrophe mit Milosch in Serbien, die diplomatischen Winkelzüge in den Fürstenthümern, in deren Folge die Verleihung einer Constitution, — eine Mißgeburt in Bezug auf das wallachische Volk, wie die Geschichte keine zweite aufzuweisen hat — mit Vereinigung der Moldau und Wallachei unter Ein Oberhaupt, die Ummodelung der Frage der Dampfschiff-Fahrt auf der Donau, daß zu gelegener Zeit diese Hauptader in Oesterreichs Gelände den feindlichen Kanonenbooten vom schwarzen Meere aus geöffnet sei.

Jedes dieser Ereignisse für sich war eine Todeswunde — geschlagen jener Macht, für deren Erhaltung eben erst so viel Blut geflossen; aber das Geschoß war nicht gegen diese, es war bereits gegen Oestereich gerichtet.

Nachdem dessen Ost- und Südgrenzen mit voller Zustimmung England's Rußland's und Preußen's in solcher Weise zur Blosstellung vorbereitet lagen, wurde weiter geschritten.

Die Schweiz sollte sein Dappenthal verkaufen, (das Projekt scheiterte vorderhand 'an deren dickköpfigen Vorsicht,) Piemont öffnete bereitwillig seine Küste für russische Zuzüge, Civitavecchia war längst französischer Hafen, Emissäre bereiteten die heißblütigen Italiener für den Akt der Befreiung vor, und so schloß sich nach und nach der Gürtel immer enger, der den österreichischen Aar in seinem kräftigen Flügelschlage hemmen sollte. —

Baron Hübner mag wohl Warnungszeichen gesandt haben, er konnte mit richtigem Blicke die Gefahr an der Quelle ermessen, aber Graf Buol glaubte sie nicht so nahe, bis die Bombe am Neujahrstage 1859 platzte. —

Eine Katastrophe, welche der unbefang'ne Beobachter voraus sehen konnte. Napoleon bedarf der Freundschaft der legitimen Fürsten Europa's! —

Der orientalische Krieg trug die dargebotene Hand des Czar's als goldene Frucht — der italienische Krieg mußte jene des Kaisers von Oesterreich erkämpfen, was weiter erfolgt, werden jene Mächte mit zu später Reue erfahren, die hierzu die Hand geboten. —

II. Das Programm, der Krieg, die Politik der Mächte.

Es ist nicht Zweck dieser Betrachtungen, den nun im raschen Laufe sich folgenden Ereignissen, Schritt für Schritt im Detail nachzugehen; es genügt, die Thatsachen kurz zusammen zu fassen. — Cavour's längst erfolgte Verständigung mit Kaiser Napoleon wurde offen als Programm erklärt.

„Ein einiges Italien von den Alpen bis zur Adria, Oesterreich zurückgeworfen, sein Einfluß entfernt. Der Krieg solle sich auf die, jene Zwecke berührenden Landstriche lokalisiren." —

Ein neu erfundener Begriff für die moderne Kriegführung, der Thatsache nach eine großartige Chimäre, für die politische Situation von nicht zu berechnender Tragweite zur Ausbeute für die perfide Diplomatie. —

Ein Schrei der Entrüstung drang durch die Völker, selbst jener, welche eben nicht besonders Oesterreich befreundet sind; denn es handelte sich hier nicht um den isolirten Gewaltstreich, sondern um das Prinzip, jeden Besitz kurzweg in Frage zu stellen, das System der Raubritter des Mittelalters en gros in die politischen Grundsätze der Neuzeit einzuführen, den Diebstahl mit bewaffneter Hand aus den Gesetzbüchern der Völker als Verbrechen zu streichen.

Es stand daher zu erwarten, daß gesammte Mächte auf diesen frechen Schlag in's Angesicht des bestehenden Rechtes, mit Einer Stimme Verwahrung einlegen würden, und es ist mit Gewißheit anzunehmen, daß Napoleon auf solch' einstimmigen Protest sich zweimal besonnen haben würde, seine Truppen nach Piemont zu senden. —

Statt dessen hüllt sich England in die strengste Neutralität, Preußen berechnet wie viel es bei dem Strauße gewinnen kann und schweigt, Rußland zeigt als diplomatische Antwortnote ein leeres Blatt mit der Jahreszahl: 1854. —

Um jedoch einen schwachen Schein in den Augen der Blödsinnigen zu retten, jagt ein Vermittelungsversuch den anderen,

deren jedoch jeder das absolute Verläugnen der wahren Sachlage an der Stirne trägt. —

Graf Buol, noch nicht begreifend, daß hinter dieser Reserve der feste Entschluß klar zu Tage lag: „Oesterreich soll im Stiche gelassen werden!" läßt sich durch diese aller Rechts= basis baren Vermittlungsversuche hinschleppen, und so wird der günstige Moment versäumt, Piemont rasch mit allen nur zu Ge= bote stehenden Kräften — deren **genügend vorhanden** — wie sonst zu Boden schmettern, und zwar mit so vollem Rechte, daß die spitzfindigste Diplomaten=Seele dieses nicht hätte negiren können; denn Piemont hatte mit seinen Errichtungen thatsächlich den Frie= denstraktat vom Jahre 1849 **gebrochen**.

Von den sich weiter spinnenden Verhandlungen: sowohl in Eng= lands Parlament und preußischen Kammern, als in den diplomatischen Noten und der Politik in den — von den respektiven Regierun= gen influenzirten Blättern lohnt sich's nicht der Mühe zu sprechen. — Sie erregen dem gesunden Rechtssinne nur Ekel, und geben für den Denker, der zwischen den Zeilen lesen gelernt, und aus dem Flusse der Rede das zu verstehen weiß, was der Redner verschweigen wollte, den Beweis, wie tief die Moral im Be= reiche der Politik gesunken sei.

Die Geschichte ist wohl nicht arm an ähnlichen Raub=Atten= taten — man braucht nur Schlesien zu nennen, — aber man beschönigte selten seine That schamlos mit einem unstichhaltigen Rechtstitel. **Das Recht des Stärkeren** galt, seit die Welt steht, und wird fort gelten. Und suchte der Räuber auch einen milderen Namen für seine That, so wurden die Anderen wenigstens mit der freien Aeußerung der Sache gerecht, im schlimmsten Falle schwieg man scheu, wo das laute Wort gefährlich werden konnte.

Hier aber hatte Niemand zu fürchten, und doch umging man heuchlerisch die Thatsache wie im Einverständnisse, würdigte sich bis zur entehrendsten Brandmarkung der gesunden Vernunft herab, in der grassen Verläugnung des wahren Namens! —

Die Diplomatie deutete in ihrem Notengewäsch wie verschämt, und nur mit Umschreibungen darauf hin: „daß Napoleons Programm eigentlich einen einfachen Raub ankünde";

als fürchte sie, für zu schneidige Sprache von dem Areopag Europa's in Glacé-Handschuhen gezüchtiget zu werden. — In solchen Händen befand sich in solchem Momente des schönen mächtigen Oesterreichs Geschick!!!

Kaiser Franz Josef — wer dessen hochherzigen Charakter kennt, mag ermessen, was in seiner Seele vorging — der resultatlosen Freundschafts-Aufblähungen seiner sogenannten natürlichen Alliirten, ebenso müde, wie seines Ministers, erinnerte sich endlich — leider zu spät — an das gute alte Sprichwort: Gott bewahre mich vor meinen Freunden, gegen meine Feinde will ich mich selbst hüten!" und schickte letzteren fort, indem er gleichzeitig die Armee den Ticino überschreiten ließ. —

Hierauf erklärten England, Rußland, Preußen als letzten Ausfluß ihrer nun entschleierten Absichten, einstimmig: „Oesterreich habe den Krieg begonnen, sei daher im Unrechte und habe die Folgen zu tragen."

Die Mittel- und Kleinstaaten Deutschlands, natürlicher in ihrer Anschauung, freier von Hintergedanken, und daher gerecht in ihrem Urtheile forderten theils durch offizielle Organe, theils im Wege der Presse energische Hilfeleistung für Oesterreich. —

Da mußte zur Beschwichtigung der empörten Stimmung der Völker deutscher Zunge — Preußen nicht ausgenommen — etwas gethan werden, und Schleinitz erfand das Schaustück, die preußische Armee auf den Kriegsfuß stellen, selbst theilweise marschieren zu lassen, aber Napoleon wußte wohl, daß am Rhein kein Schuß fallen werde!*)

Die natürliche Folge war, daß Napoleon zum Scheine eine Armee gegen den Rhein zusammen rief — seine ganzen Kräfte aber nach dem Kriegsschauplatze ziehen konnte. —

---

*) Bei einer in neuester Zeit zwischen Oesterreich und Preußen eingetretenen ernsten Spannung, wurde Ersterem im vertrauten Wege von einem französischen Diplomaten der Antrag gestellt, im Falle Oesterreich an Preußen den Krieg erkläre, mit 100,000 Mann über den Rhein zu gehen. Man antwortete trocken: „Sobald ein Franzose den Rhein überschreitet, giebt es kein Oesterreich, kein Preußen, nur Ein Deutschland!" — So sprach Oesterreich, dem man immer den Vorwurf machen will, nicht deutsch — nur österreichisch zu sein! —

Oesterreich's über alles Lob erhabene tapfere Armee, mangelhaft verpflegt, schwach geführt, mußte trotz seiner Hinopferung die Lombardie räumen, die Flotte Frankreich's setzte Landungstruppen auf die Quarnerischen Inseln, von Antivari aus ward die Hand nach den schwarzen Bergen geboten, Prinz Napoleon, — wenn gleich kein gefährlicher Gegner, nahte mit einem namhaften Armee-Corps durch die bereits in voller Revolution befindlichen Landtheile, welche das rechte Po-Ufer bespühlen, revolutionäre Umtriebe wurden, obgleich keinen Erfolg versprechend, in einem andern Theile des Reiches vorbereitet, von Deutschland's Schwerfälligkeit war trotz guten Willens Nichts rechtzeitig zu erwarten, da bot Napoleon dem Kaiser Franz Josef zu Villa-franca den Frieden, und dieser nahm ihn an.

III. Der Friede.

Dieser plötzliche Friedensschluß, und noch mehr dessen Stipulationen, in den Hauptzügen bekannt gegeben, überraschten die Welt; aber Napoleon liebt die Ueberraschungen, und es ist eben seine Stärke, immer das Unerwartete zu thun.

Die eigentlichen Motive welche ihn bewogen, den Frieden anzubieten, und Kaiser Franz Josef, ihn anzunehmen, liegen in tiefem Dunkel verborgen.

Die vielfältigen Konjunkturen, welche die Polemick der Presse dafür zur Anschauung bringt, tragen wohl mehr oder weniger das Gepräge der Wahrscheinlichkeit, theilweise sogar entschiedener Wahrheit, wer aber vermag einen vollumfänglichen Blick in die Tiefe dieser verschlossenen Brust zu senken, zu ergründen, was dieser schweigsame Mund verhehlt, wer mag errathen, was Kaiser Franz Josef und Napoleon zu Villa-franca besprachen, was Letzterer dem Ersteren mittheilte und vertraute?!

Was aber auch immer die besonderen Gründe für diesen unerwarteten Friedensschluß gewesen sein mögen, soviel kann mit Zuversicht behauptet werden, daß nach genauer Erwägung der Situation in ihrer gesammten Verzweigung dieser Schritt von beiden Seiten als ein Akt **hoher politischer Weisheit** erkannt und bezeichnet werden muß.

Der Ingrimm, der sich hierüber theils (aus Schaam) verschleiert, theils unverholen zu London und Berlin kund gab, gibt dafür den sicherften Beweis.

Daß bei diesem Friedensschlusse Oesterreich besser gestellt ward, als wenn es die Entscheidung der Vermittlung der Neutralen anvertraut hätte, liegt außer allem Zweifel. Es war dießmal Kaiser Franz Josef's **eigene** Politik, einfach, natürlich, verständig, für das Wohl seiner Völker bedacht.

So groß aber auch die Ueberraschung über diesen Akt zu London, Berlin, Petersburg gewesen sein mag, kann doch mit Gewißheit behauptet werden, daß diese im Lager des Feindes noch größer war.

Victor Emanuel war starr vor Erstaunen, als er sich zum Beitritte des fait-accompli eingeladen fand; Cavour knirschte vor Wuth, seinen Meister gefunden zu haben, und verschwand; die enttäuschten Italiener bäumten sich entrüstet, und — schwiegen. — Die Jubelrufe bei den Einzügen und Schaugeprängen hatten etwas gepreßtes, Napoleon hüllte sich in seine Lorbeeren und ging nach Paris, wo er am 15. August an der Spitze der siegreichen Armee seinen Einzug hielt.

In den — den Franzosen und der Welt hinausgegebenen Proklamen, Noten und Ansprachen führt er die Gründe an, welche ihn bewogen haben wollen, das „**Bis hieher und nicht weiter!**" auszusprechen.

Dagegen verkündete Kaiser Franz Josef seinen Völkern: „daß „er Frieden schloß, weil er sich in seinen **gerechten** Erwartungen „auf die Unterstützung seiner **natürlichen** Alliirten getäuscht „sah, endlich **billigere** Friedensbedingungen von seinem Feinde „erhielt, als seine Freunde für ihn vorbereiteten!"

Das war klar und deutlich gesprochen. Preußen gab sich viele Mühe, der Welt Anderes glauben zu machen. Rußland versuchte Versicherungen in ähnlicher Richtung; Palmerston und Russel gaben sich nicht einmal die Mühe, dergleichen scheinen zu wollen. — Immer ehrenvoller mit offenem Visir in den Schranken stehen! —

Von Piemont war wenig die Rede, Victor Emanuel trug nach dem Friedensschlusse offen das Gepräge zur Schau, was er längst und immer halb verschleiert war: „die willenlose Mario=
„nette in Napoleon's und Cavour's Händen!"

IV. Dermalige Gruppirung der Mächte.

Nach dieser kurzen Darlegung bedarf es wohl keiner ferneren Beweisführung, daß die Gruppirung der Mächte eine ganz andere geworden, als sie beim Beginne des Jahres gewesen.

England. Die vielfältig bedrohte entente-cordiale, die sowohl vom Derby'schen Ministerium, als noch mehr von Pal=merston auf Kosten des englischen Nationalstolzes, ja selbst der Ehre mit Mühe immer wieder zusammengefügt worden, hängt an ihren letzten Fäden.

John Bull kann kaum mehr an sich halten über alle erlit=tenen Demüthigungen, und es ist manchmal wahrhaft komisch, in den Reden der gewiegten Staatsmänner des Ober= und Unter=hauses aller Partei=Schattirungen den Bemühungen zu folgen, mit welchen sie die Ausbrüche des Unwillens über ihren geliebten Freund und Nachbar niederzukämpfen bestrebt sind, und die bei den Minderbegabten öfter stümperhaft den Grundgedanken durch=blicken lassen:

„England hat Furcht! — England hat wirklich Furcht! —
„es hat das Bewußtsein, daß es in seiner Macht gesunken ist —
„es fühlt, daß es seit Napoleon's gänzlich selbstständiger Politik
„nur mehr in dessen Schlepptau hängt."

England wagt es nicht, dem mächtigen Cäsar ungehorsam zu sein, Frankreich ist sein Rom geworden und es denkt an Kar=thago! — Ja — stolzes Albion, die Zeiten haben sich geändert.

Es glaubt Niemand mehr den philantropischen Phrasen, die nie Anderes im Auge hatten, als deinen bemalten Kattunen einen guten Markt zu machen; dein ewiger Posaunenruf für Recht und Freiheit wird zur erbärmlichen Fratze, wenn man deinem Regime in Schottland, Irland, Indien, den griechischen Inseln folgt; —

du hast keinen markigen Halt mehr, denn dein Reichthum genügt nicht mehr, um das Elend und den Hunger zu decken; deine Landmacht ist, auf falschem Prinzipe ruhend, unter das Niveau der zeitgemäßen Forderung gesunken, selbst deine schwimmende Burgenmacht, die das schwankende Meer zum Fundamente hat, ist vom Nachbar erreicht, wo nicht überflügelt. — Die treulose Woge trägt des Feindes Schiffe mit gleicher Sicherheit, wie die deinen, sei's selbst an dein wehrloses Ufer, denn — täusche dich nicht, deine Yeomen, deine Volksbewaffnung sind gegen ein kompaktes — gut geschultes — gut geführtes Heer eine Fiction!

Nächstens wird der Nachbar — wenn Alles hierzu reif — anfragen, warum denn die Irländer gar so sehr wie Pariahs behandelt — die katholische Kirche so sehr gedrückt werde, — der allerchristlichste Monarch hat ja ein Recht, darnach zu fragen.

Eine hübsche Flotte und 100,000 Bajonnette werden an der Frage hängen. — Wirst du die Stirne haben, diese als ungeeignet zurückzuweisen, nachdem du die Einmischung in fremdes Recht, den Raub von dir verbrieften Besitzes offen gebilligt, nachdem du jenes Oesterreich feige im Stiche gelassen, welches höchst unkluger Weise mit seinem Blute deine Existenz zweimal gefristet?!

Wie immer auch dein konvulsivisches Ringen — das Rad der Zeit rollt unwiederbringlich, zerschmettert das morsche Alte, um die Furche für junge Saat zu ziehen; dein Fall wird der Sturz eines Riesen sein, aber du wirst fallen; moralisch bist du schon geschlagen, das Weitere wird folgen: Napoleon III. ist der erste Nagel zu deinem Sarge!

Frankreich. Dieser Herd, an welchem die Verfeinerung und höhere Geistes-Intelligenz aus den Elementen der wahren Gesittung, Moral und Religion derart gebraut werden, daß diese zu Gunsten jener fast bis zur Null sich verbraucht finden, — diese Pandora-Büchse, aus welcher unter den schimmernden Namen von Civilisation, Freiheit, Volksbeglückung, alles Unheil sich ergossen, — steht seiner Krisis vielleicht näher, als es sich träumen läßt.

Von seinem dermaligen Herrscher mit eiserner Faust jeder mit Strömen Blutes erkauften freien Geistesregung beraubt, reift in seinem Innern die Gährung zum Widerstande, und der nächste äußere Anstoß wird diese Gährung klar machen. — Umsonst setzt Napoleon alle Hebel in Bewegung, sich selbst und seine Dynastie zu festigen.

Sein unbestreitbares Genie wird ihn wohl erhalten, wenn ihn nicht der Dolch eines Mörders trifft, oder er sich nicht in irgend ein falsches Calcul verirrt; eine Klippe, die er bis nun immer rechtzeitig zu vermeiden verstand; einen Napoleon den IV. wird es schwerlich geben — aber es wird auch keinen Bourbon mehr geben!

Die blasirten Franzosen wollen die Republik, und sie wird ihnen zum dritten Male werden, mit allen ihren Consequenzen, die nicht schwierig zu errathen sind, wenn man erwägt, daß die Grundbedingungen des Gedeihens einer republikanischen Verfassung: Einfachheit — Nüchternheit — Sittenreinheit — aufopfernder Gemeinsinn, den Franken der Jetztzeit gänzlich fehlen!

Zu diesen bedrohlichen Anstrebungen einer einheitlichen Republik gesellt sich noch der immer mehr laut werdende Unmuth der größeren Provinzialstädte, als fügsame Glieder nur die Impulse nachzuzucken, die der immer kochende Krater der Hauptstadt auszuwerfen beliebt.

Frankreich's Landmacht ist, trotz der mißlichen Nothwendigkeit, welche Napoleon einige seiner tüchtigsten und populärsten Führer beseitigen hieß, als er sich den Kaisermantel um die Schultern warf, imposant, — in ihren Elementen nur der österreichischen Armee nachstehend, in ihrer Führung, wenigstens dermal, diese überflügelnd. — Frankreich's Seemacht ist mit dem einfachen Ausspruche gezeichnet, daß sie der englischen an technischer Ausrüstung, an Matrosen-Bemannung und an intelligenter, auch praktischer Führung — wenig, oder vielleicht gar nicht mehr nachsteht.

Die geographische Situation Frankreich's ist, vom strategischen Standpunkte beurtheilt, nach Rußland die günstigste aller europäischen Staaten. Die Staatsschuld ist zwar ungeheuer, aber die Ressourcen sind es auch, denn Frankreich hat nur politischen

Zwang; Handel, Industrie und Gewerbe bewegen sich längst in freier Bahn.

Preußen folgt einer gesunden inneren Entwicklung in allen seinen Theilen. — Mit seinem starren Junkerthum wird es noch fertig werden.

Es hat seine Finanzen geregelt, die Regierung erfreut sich so ziemlich des Vertrauens seiner Völker, die Regentenfamilie, deren Sympathien, es steht in seinen auswärtigen Verbindungen sonderbarer Weise aber nicht zu seinem Nachtheile an die politischen Extreme Europa's: England und Rußland angeschlossen das reformirte Christenthum sieht in ihm seinen Hort; aber es kranket an argen Uebeln. Es hat keine Arrondirung, keine gesicherten Grenzen gegen Land und See — und seine auf dem Papiere ausgewiesene Streitmacht ist eine Illusion, denn die größere Summe der in den Kampf zu berufenden (Landwehr) sind Beamte, Industrielle, Handwerker, dem Handelsstande Angehörige, der Feldbauer nicht zu erwähnen. — Zum großen Theile mit der Hemmkette der Familie belastet. Alle diese Männer tragen und fördern den Verkehr; zahlen ihre Steuern; dieser Verkehr, diese Bezahlung hört nicht nur in dem Momente auf, wo der Staat sie zu den Waffen ruft, sondern dieser muß die zurückbleibenden Familien zum Theil wenigstens vor dem Verkümmern schützen.

Preußen's ausgewiesene Militärmacht ist daher nicht als eine einfach auf den Kriegsfuß zu setzende Armee zu betrachten, sondern als eine geregelte Volksbewaffnung für besondere Fälle, und die wahre Ziffer des disponiblen Heeres reducirt sich auf die gewöhnliche Dividende nach der Gesammtbevölkerung, welche deren Stärke auf mehr als die Hälfte herabdrückt.

Preußen kann ohne einen kräftigen Alliirten, der auch eine Seemacht besitzen muß, wenn der Gegner eine Flotte hat, keinen Krieg mit Aussicht günstiger Chance führen.

Mit trockenen Worten gesagt, Preußen ist vom Standpunkte seiner materiellen Kräfte und militärischen Stärke noch keine europäische Großmacht!*).

---

*) Während diese Zeilen geschrieben worden, bekennt Preußen offen sein gänzlich verfehltes Landwehrsystem, und arbeitet an Verbesserung.

Aus dem Gesagten ergibt sich von selbst die stehende Politik dieses Staates:

„Um jeden Preis Vergrößerung gegen Außen, daher feind= lich gegen alle Nachbarn, wenn ein Gewinn sich hoffen läßt; nur in einer Existenzfrage seine Zuflucht in deren Anschluß suchend (1813); Anstreben der Hegemonie in Deutschland, Beseitigung, Ueberflüglung, Schwächung Oesterreichs bei jedem nur möglichen Anlasse.

Die deutschen Mittel= und Klein=Staaten haben als: Gesammt=Deutschland. sich in letzter verhängnißvoller Periode wieder in ihrer vollen Ohnmacht gezeigt. Das Schau= spiel war jedoch kein neues, und konnte daher auch nicht über= raschen.

Deutschlands imposante Streitmacht ist eine Fiktion, da sie der ersten unerläßlichen Bedingung, der Einheit entbehrt. Die wichtige Frage der Befehlshaberschaft wird immer eine unbeant= wortete bleiben, da alle Einungsversuche hierüber an kleinlichen Rücksichten und gegenseitiger Eifersucht scheitern werden.

Wem ist's wohl ein Geheimniß, daß Schwarzenberg's Genie sich zum größten Theil darin bekundete, in seiner Feldherrnrolle die gefährlichen Untiefen dieses Fahrwassers durchzusteuern. — Und damals war es doch eine Existenzfrage für Preußen, unbedingt mit Oesterreich zu gehen.

Die wohlwollenden, wahrhaft deutschen Sympathien des größten Theiles der Mittel= und Klein=Staaten, selbst protestan= tischen Glaubens, zum Einstehen für Oesterreich's Machtstellung, scheiterten an der eisigen Starrheit Preußens, und stellte den Beweis der gänzlichen Nichtigkeit des deutschen Bundes, da ein einzelnes Glied desselben im Stande war, die Willenskraft des ganzen anderen Körpers zu hemmen.

Das Gefühl der Ohnmacht für Tage der Gefahr, die da kommen können (und werden) hat viele Männer der deutschen Gaue erfaßt, und eine Unzahl Reform=Projekte tauchen zu Tage. — Sie tragen aber leider entweder Parteinahme an der Stirne, oder ergehen sich in Chimären. — Ueber die Zukunft des deut= schen Volksstammes kann hier weiter Nichts gesagt werden.

Rußland, dieser nordische Koloß, der mit Schauer erregen=

der Ruhe sicheren Schrittes dem seit Jahrhunderten gesteckten Ziele nachgeht, ist an einem wichtigen, vielleicht gefährlichen Wendepunkt seiner inneren Politik gelangt.

Der junge Czar muß wohl seiner Sache gewiß sein, daß er es unternahm mit der Bauern=Emancipation dem mächtigen Adel des Reiches entgegen zu treten.

Wir wollen die Entwickelung abwarten, bis zu welcher jedes Urtheil verfrüht wäre. — Es kämpft gleichzeitig gegen die tief gewurzelte Korruption seiner Angestellten, und baut seine Eisenbahnen, nach deren Vollendung es erst gegen Außen eine wirklich bedrohliche Wichtigkeit erlangen wird.

Es ist nicht leicht zu sagen, ob Rußlands Interesse es mehr zur Allianz mit Preußen oder mit Oesterreich ziehen wird. Die Familienbande fällt da nicht so schwer in die Wagschale. — Es wird viel von Oesterreichs Klugheit und von den Ereignissen abhängen, wohin das Zünglein weiset.

Die Pforte ist morsch, machtlos, und jeder scheinbare Schritt vorwärts treibt sie der Auflösung näher*).

Italien ist in eine neue Phase getreten. Piemont gelang es endlich, durch die Konsequenz seiner perfiden Politik, durch Napoleon's Gewaltstreich, durch Englands egoistische Engherzigkeit, durch Preußens Verläugnung ritterlicher Bruderschaft, und Oesterreichs schwache Heerführung, — um die schöne Lombardie reicher zu werden. Auf wie lange und was es dagegen eingesetzt, wird die Zukunft lehren.

Der Brandstoff ist angelegt, der Brand wird folgen. Wen er verzehrt, bis wohin er greift, ist eine offene Frage.

Die Herzogthümer sind dermalen jedes Rechtszustandes baar, Roms weltliche Macht steht nur auf künstlichen Stützen. — Ein neues Programm ist als **Pulsfühler** in die Welt geworfen. Was werden Europas Mächte durch ihre offiziellen Stimmen dazu sagen?! — —

Neapel folgt unwiderruflich dem Impulse von Mittel= und Ober=Italien, Sicilien wird längst nur mit Mühe gehalten; was

---

*) Die eben wieder niedergedrückte Verschwörung der Alttürken gibt einen Fingerzeig, was dort vorgeht und im Werke ist.

soll das venezianische Gebiet für eine Rolle spielen? — Hält man Oesterreich für berufen dem verblendeten Victor Emanuel auf der Bahn zu folgen, die ihn unwiderruflich in den Abgrund führt; oder soll es dem losgelassenen Strome sich entgegenwerfen, in welchem das italienische Volk unaufhaltsam forttreibt? — soll Oesterreich wieder zum Sündenbocke werden, oder geduldig zusehen, wie die Reste seiner Macht jenseits der Alpen methodisch unterwühlet werden? — Gibt es denn wirklich nur einen denkenden Politiker und Staatsmann der die Realisirung des projectirten Staatenbundes in Italien für mehr als die Träumerei eines kranken Gehirnes hält? findet sich denn keine Hand, kühn genug, um dem Manne, der an der Spitze des englischen Ministeriums konsequent: in Baumwolle macht, die Larve von der Stirne zu ziehen, wenn er von der Sympathie für Italiens Freiheit faselt, während er nur seinem gefürchteten gegnerischen Freunde einen Hieb versetzen will?!

Und darum ein ganzes Volk zum Narren haben, und darum jede Rechtsbasis unter den Füßen wegschleudern, und darum die Civilisation — die Existenz der Staaten und Völker auf die Spitze stellen?! —

Armes, schönes Italien, gutes, aber kindisches Volk, wie wird einst dein Erwachen sein?

Dänemark berührt Oesterreich nur mittelbar durch das Band, welches die Herzogthümer an Deutschland geknüpft hat. — In der bedauerlichen Gliederung des deutschen Bundes, welche der Wiener Congreß schuf, ist dieser wunde Fleck wohl die derbste Parodie auf den gesunden Menschenverstand, und kann noch die ernstesten Folgen haben*).

---

*) Wenn man die Kongreß-Akte des Jahres 1815 durchgeht, so erregt es Staunen, bis zu welcher Verzerrtheit ein Verein von Männern es zu bringen vermochte, von denen doch der größte Theil hervorragende Kapacitäten waren. — Es erklärt sich dieses: 1) in den gegenseitigen Bestrebungen sich zu übervortheilen; 2) gegenseitiger Eifersucht; 3) Feigheit auf seinem guten Rechte zu fußen, Furcht vor ernsten Konflikten, endlich aus den Besorgnissen vor den Einheitsbestrebungen. — Und was mit Kunst in Faktoren zerlegt wurde, soll dann — wenn man es eben braucht — rasch zum einigen Ganzen werden!

Oesterreich und Preußen durchblickten dieß längst, sonst wäre man wohl trotz der Schwerfälligkeit zur Bundes=Execution gelangt.

Wer weiß jedoch wohin der nun zum Prinzip erhobene Spruch führt: „Jedes Volk habe das Recht, die ihm homogen „scheinenden Landstriche fremden Eigenthums zu annexiren, sich „in den Grenzen seiner Nationalität zu arrondiren!"
Napoleon ist viel zu scharfsinnig, als daß er diesem Spruche mehr als eine momentane Geltung zu seinen eben vorliegenden Zwecken einräumte, jene aber, welche ihn durch ihr Handeln sanctionirten, wird die Nachwelt richten, und ihnen auf den mit Menschenblut getünchten Ruinen das wohlverdiente Denkmal bauen.

Spanien gibt ein warnendes Bild, welches Loos Völker erwartet, die aus dem Zustande starren Zwanges plötzlich den Sprung zur gänzlich ungebundenen Freiheit wagen.

Die schroffen Gegensätze reiben sich bis zur Vernichtung ab.

Dieser einst so mächtige Staat ist zu Grunde gerichtet, und gleicht nur mehr einem übertünchten Trümmerhaufen.

Der ritterliche Charakter ist jetzt eben neu aufgelobert und wir wünschen ihm das beste Glück in seinem und der Civilisation Interesse, befürchten aber sehr, daß der Flug zu hoch genommen war; denn Marocco wird von kampffähigen Stämmen vertheidigt und der Fanatismus des Moslim ist dort noch nicht abgeschwächt wie in der Türkei.

Dazu Englands Ungunst und die geringen Finanzkräfte für energischen Nachschub.

Sollte Frankreich erneuert eine Wendung nach dem Canale machen und seine Verbündeten im Stiche lassen, so würden wir in nächster Folge eine politische Anschauung bekommen: „Welche „vom Standpunkte der modernen moralischen Principien der Po= „litik es ersprießlicher fände, den Halbmond statt des Kreuzes „auf Ceuta's Zinnen prangen zu sehen!"

Dann schiffe Dich nur rasch ein, ritterlicher Spanier! eile nach Hause und birg deine gute Klinge für bessere Zeiten!

Belgien, Holland, Schweden, die Schweiz sind glücklich in ihrem geringen Einflusse auf die Gesammtgruppirung, und ihrer theils gezwungenen, theils freiwilligen Neutralität. — Sie gleichen jenen kleinen Gewichten, welche man bei **großen Abwägungen** zulegt, um eine oder die andere Schale sinken zu machen.

Belgien ist das Land, in welchem nächst England das Bewußtsein, was Noth thut, am Innigsten in's Blut des Volkes gewachsen ist, ja, wir schätzen, daß die wahre Intelligenz in Ersterem tiefer greift als in Letzterem.

Einen großen Theil dieses Glückes dankt Belgien **seinen weisen Landesfürsten**.

Schade, daß zwei so schroff gesonderte Parteien sich auch hier ohne Hoffnung auf Verschmelzung gegenüber stehen.

V. Kritische Beleuchtung der Kriegs-Ereignisse.

Wenn unserer Aufgabe entsprochen werden soll, so muß auch diese unerquickliche Erörterung durchgeführt werden.

Die kriegerischen Ereignisse selbst sind hierbei nur in ihren allgemeinen Umrissen angedeutet.

Eine Macht, die den Krieg beschließt, muß vor Allem auf Basis der politischen Situation seinen strategischen Feldzugsplan entwerfen, in welchem die Hauptpunkte zur Erwägung kommen:

Die Ursache (Zweck) des Krieges.

(Betrachtung des Kriegsschauplatzes; und

der moralische und physische Zustand der eigenen Armee, und jener des Gegners.)*)

Die Ursache des Krieges liegt genügend entschleiert vor.

Weder das Wohl der Völker Oesterreichs, noch die Ehre der Großmacht ließ es zu, den offen hingeworfenen Handschuh schweigend liegen zu lassen.

Kaiser Franz Josef ist nicht der Mann, um einen solchen Akt der Feigheit zu begehen.

---

*) Bedarf für unseren Zweck hier keiner besonderen Erörterung.

Auf Alliirte war bei der nachgewiesenen politischen Stellung der Mächte, die sie thatsächlich kundgaben, nicht zu zählen; man mußte also im Vorhinein gefaßt sein: **allein zu stehen!** — Diese Ueberzeugung gehörte auch in den Kalkul des Feldzugsplanes.

Die fernere Frage war, ob offensiv vorzugehen, ob sich defensiv zu verhalten sei! Die Natur des zu beginnenden Krieges sprach eigentlich für die Defensive, denn Oesterreich wollte ja nicht erobern, sondern nur sein gutes Recht, sein Eigenthum wahren. — Nach aller menschlicher Wahrscheinlichkeitsberechnung mußte der letzte Akt dieses Kampfes am Rhein in Szene gesetzt, ein dauernder Friede in Paris, oder — wenn der gute Genius von Oesterreich wich, — in Wien geschlossen werden, denn die sogenannte **Lokalisirung** war für die Folge eine Unmöglichkeit, und die Mächte wären über kurz oder lang bon gré mal gré, zu wessen immer Gunsten der Kriegführenden, in den Kreis des Kampfes gezogen worden. (Bis zu dieser Grenze ging auch Kaiser Napoleon.)

Napoleon's Hilfeleistung Piemont's war aber trotz der energischen (wohlgemerkt aber immer verläugneten) Rüstungen erst eine **Drohung** und es befand sich noch kein französischer Soldat im Umkreise des Kriegsschauplatzes, als Oesterreich sein Ultimatum sprach, folglich sein Heer zum Schlagen bereit stehen mußte, **denn früher spricht man kein Ultimatum dieser Art** und Zeit war wohl genug gewesen.

Es stellte sich also die richtige Chance im raschen Ergreifen der Offensive die piemontesische Armee zu zerschmettern, wie sie es bereits zweimal vor nicht langer Frist geworden; Alessandria cerniren, Turin nehmen, die Pässe gegen Genua und den Mont Cenis besetzen.

Die taktische Anordnung hierzu ist so klar und einfach, daß praktische und gewiegte Militärs, **wahre Generale**, kaum in ihren Hauptpositionen divergiren konnten. — Die österreichische am Ticino zu diesem Schlage möglichst zu vereinende Streitmacht muß doch mindestens 180,000 Mann betragen haben. War diese Zahl **nicht** zu vereinen, so ging schon in der ursprünglichen Disponirung der Kräfte ein Fehler vor.

Gesetzt aber, es wären nur 150,000 Mann gewesen. — Davon bleiben 30,000 Mann am Ticino; 20,000 rücken über die Sesia und bedrohen Casale und Turin; 20,000 Mann halten Valenza im Schach; diese beiden Corps repliiren für alle möglichen Fälle auf das Korps am Ticino und halten sich in Verbindung. Das Gros von 80,000 Mann forcirt von Tortona aus (vielleicht am Günstigsten über das Schlachtfeld von Marengo), die Bormida und den Tanaro, und liefert die Schlacht.

Bricht die piemontesische Armee gegen Vercelli oder Mortara aus, so genügen die dort postirten Truppen mit der Reserve am Ticino, so lange den Choc auszuhalten, bis die Hauptarmee den Feind an der Ferse gefaßt. — Er würde sich aber gehütet haben, diesen Coup de désespoir auszuführen, der ihn zum Gewehrstrecken bringen konnte.

Es ist kein Zweifel, daß bei der unbestreitbaren Tapferkeit der österreichischen Armee, ihrem damaligen Enthusiasmus und dem Grimme, der in der Brust, man kann sagen jedes Gemeinen jeder Nationalität, selbst des größeren Theiles der in den Reihen stehenden Italiener nicht ausgenommen, der Sieg "Unser" gewesen wäre; und Napoleon hätte sich wohl besonnen, seine Armeen in Genua landen zu lassen, und über den Mont Cenis zu schicken. Seine Truppen hätten sich in den Pässen von Almese Cordova, — von Gavi und Seravalle gar blutige Köpfe geholt, es hätte mit Ausnahme der cernirten Besatzung Alessandria's keine piemontesische Armee mehr gegeben, die das Feld halten konnte, des Feindes Land hätte die österreichischen Truppen zahlen und nähren müssen, und was mehr als alle taktisch errungenen Vortheile gewogen hätte, dem erregten fanatischen Uebermuthe wären die Flügel gesunken. — Derby (damals noch) und Herr von Schleinitz hätten wohl auch eine geschickte diplomatische Wendung gemacht, um günstigen Wind zu fangen, die Lorbeeren des Kaisers der Franzosen wären ungepflückt geblieben.

Im schlimmsten, wenn kaum glaublichen Falle, die österreichische Armee hätte nicht reussirt, so hätte doch die piemontesische Armee für diesen Feldzug genug gehabt, die österreichische Armee aber wäre in die Defensive gegangen, und zwar gleich hinter den Mincio, denn einmal die französische Macht zur vollen Entwickelung gereift, konnte die Lombardie ohnedem nicht auf die Dauer gehalten werden. Die militärischen Ansichten hierüber sind so alt und bekannt, daß sie nicht näher erläutert zu werden brauchen. — Wenigstens wäre edeles Blut, der Verlust einer Schlacht, und der niederdrückende moralische Einfluß erspart worden.

Mußte jedoch die Lombardie aus höheren politischen Rücksichten um jeden Preis gehalten werden, so durfte man auch der uralten strategischen Regel nicht vergessen, daß derjenige Herr des Landes ist, der sich im Besitze des nördlichen Striches, aller in den Po südlich mündenden Gewässer befindet. — Dort läuft auch die Eisenbahn — Como, Bergamo, Brescia bilden die Hauptstützpunkte, der Rücken lehnt sich an Tyrol, der Mincio deckt die linke Flanke in einer Weise, daß der Gegner jeden Augenblick gefaßt sein muß, mit dem Po im Rücken nach zwei Seiten Front zu machen; die befestigten Plätze Piacenza und Pavia am Strome — hätte ein kluger Feldherr sich wohl besonnen, seine Armee in solchen Cul de sac zu führen.

Man sage nicht, es war Ende April zu spät, die piemontesische Armee anzugreifen, trotz der ganz nutzlos verlorenen Tage, die übrigens dem Minister des Aeußern gar nicht mehr zugestanden werden durften (denn, wenn einmal das Schwert gezogen, hat die Diplomatie zu schweigen); trotz diesen verlorenen Tagen war Zeit genug, denn die Truppen mußten am Ticino oder dessen nächster Nähe koncentrirt sein; vom Ticino bis Trino, Robbio, Candia, Lomello, Pieve del Cairo, Sale, Tortona sind überall nur ein, höchstens zwei mehr oder minder starke Märsche, und am dritten Tage konnten in allen Punkten die Positionen des Gegners erreicht sein.

Das andauernde Regenwetter, welches allerdings allen großen Bewegungen dann Halt gebot, trat erst später ein. — Bis zu dessen Beginn konnte die Arbeit gethan sein, und seine Ströme hätten das Blut von Freund und Feind friedlich gemengt, der See zugeführt.

Nach solchem Kalkul mußten die Hauptumrisse des Feldzugsplanes festgezeichnet stehen, worauf zur Wahl des Feldherrn zu schreiten, wenn dieser nicht früher schon bezeichnet, an obigen Berathungen Theil genommen.

In des **Feldherrn Hand** muß dann das volle und unbedingte Pouvoir gelegt werden, sich seine Mittel nach **seinem** Ermessen, nach **seiner Wahl** zu seinen Zwecken herbeizuschaffen, vorzubereiten. Da darf kein Faden des Gewebes durch eine fremde unbeholfene Hand laufen, und jeder Betheiligte haftet mit **seinem Kopfe** für die pünktlichste Befolgung der Aufträge und Befehle. Diese müssen aber auch aus Einem Gusse, **präcise, deutlich und klar** gegeben werden.*)

Der Feldherr ist es, der dem Fürsten des Landes für den Erfolg haftet, soweit er in **Menschenhand** liegt; seine Gewalt muß daher unbegrenzt sein und Niemand, wer es auch sei, darf seine Anordnungen mit Privat= oder speziellen Ansichten hemmen oder gar durchschneiden.

Es wäre lächerlich und armselig das angeborene hohe Feldherrntalent Napoleon I. antasten zu wollen, für den **erfahrenen, denkenden General** darf es jedoch kein Geheimniß sein, was für gewichtige, riesige Potenzen, die durch **Nichts** zu ersetzen, ihm helfend zur Seite standen.

1) Napoleon I. hatte keine Verantwortung **als gegen sich selbst** (als General der Republik kümmerte er sich den Henker um das Directorium, und man war froh, einen Mann an der Spitze der Armee zu wissen, der das Handwerk verstand). — Er war der **Herr** und hatte also:

2) auch die **unbeschränkte Macht** in seiner kräftigen Faust.

Er war weit entfernt durch eine engherzige Kontrolle dem Betruge in den Verpflegsanstalten steuern zu wollen (ist auch ganz nutzlos, denn am Geschäfte klebt einmal der Schmutz), seine

---

*) Aenderungen in erlassenen Anordnungen, wo sich's um Armeekorps — Armeen handelt, führen immer zum Verderben; das geringste hieraus erwachsende Uebel ist das Hin= und Herjagen der Truppen mit hungerndem Magen. — Solche Aenderungen sind daher auch nur in jenen bringenden Fällen entschuldbar, wenn sie von unerwarteten **Hauptbewegungen** des Gegners erheischt werden; dann müssen sie aber auch **rasch, entschieden** und zu einem **einheitlichen** Plane geordnet, anbefohlen und durchgeführt werden. (Magenta!)

Kontrolle griff aber in's Große, und wer Schuld trug, wenn den Truppen die Verpflegung fehlte, den ließ er unerbittlich hängen; wer unfähig war, wurde weggejagt — nicht transferirt, um wieder anderswo Dummheiten oder Schurkereien treiben zu können. — Solche Perspective macht ungemein sorgsam in diesem für das Gelingen des Ganzen so wichtigen Dienstzweige einer operirenden Armee.

Mit solchen Hilfen ist es leicht Kriegführen, wenn man hierzu noch das aus selben erwachsende Element des Geheimnisses schlägt.

Der Hauptgedanke, das anzustrebende Ziel ruht verschlossen in der Brust des obersten Feldherrn, der zugleich der Fürst des Landes; er gibt hievon nur soviel preis, als zur Verständigung seiner nächsten Befehle erheischt wird, und kann höchstens errathen — nie verrathen werden. — Dieses mächtige Element spielt eben bei Napoleon III. eine Hauptrolle, und ermöglicht, wie in der Politik, so auch im Bereiche des Krieges die Ueberraschungen.

Die Kühnheit, diese nothwendige und oft so erfolgreiche Eigenschaft des Feldherrn braucht sich nicht immer in den Grenzen einer logisch stichhaltigen Verantwortung zu bewegen, die Eingebung des Momentes hat ihren freien Spielraum; der Krieg ist endlich, trotz aller möglichst voraus zu berechnenden Chancen doch nur ein Glücksspiel in Riesen-Dimension. — Die eigene Börse kann man auf die letzte Karte setzen, wer mit fremdem Golde spielt, muß Rechnung legen!

Von der Sicherstellung der Anforderungen, welche der Feldherr an die ihm vertraute Armee zu machen berechtigt sein muß, braucht hier nicht gesprochen zu werden. — Diese gehören in den Bereich des Friedens, der die Aufgabe hat, das Heer für den Krieg vorzubereiten.

Ein intelligenter, praktischer Generalstab, tüchtige Generale, nicht zu alt an Jahren, oder besser gesagt, nicht zu arm an physischen und geistigen Kräften, nicht zu jung an Erfahrung, Ausbildung der Truppen für den Krieg, deren Bekleidung, Ausrüstung, Bewaffnung, Remontirung, Depots und Vorräthe für die Augmentation und Nachschübe, geregeltes Verpflegs-, Transports=, Bagage=Wesen, Artillerie=, Zeug= und Brücken=Materiale im Großen und Kleinen! Spitäler, 2c.*)

Nach der Wahl des Feldherrn fordert noch jene der Corps= kommandanten die höchste Sorgfalt.

Daß bei Ersterem kein Rangverhältniß oder Geburt maß= gebend sein kann, bedarf keiner Bekräftigung. — Aber auch beim Corpskommandanten darf dieses nicht mehr gelten, denn dieser ist schon vielfältig berufen, taktisch isolirt, nur im Einklange der Hauptdisposition, die von Fall zu Fall ihm bekannt gegeben wer= den muß, — zu handeln, selbst im unmittelbaren Heeresver= bande können die Grenzen seines Wirkens im Toben der Schlacht nicht für alle Wechselfälle vorgezeichnet werden. Der Corps= kommandant muß schon den Muth für höhere Verantwor= tung, — die Befähigung selbstständigen Blickes, — die Thatkraft zum raschen Handeln haben.

Mißgriffe in dieser Richtung zahlen sich zu theuer, als daß zu ihrer Vermeidung nicht der allein richtige Weg betreten, jeder anderen Rücksicht Schweigen geboten werden müßte.

Werfen wir nun einen kritischen Ueberblick auf die Operationen von der Ueberschreitung des Po bis zum Schlusse des Feldzuges.

Warum debouchirte der linke Flügel nicht bei Piacenza? Hierdurch wäre das rechte Po=Ufer mit allen daran sich knüpfen= den taktischen Vortheilen einfacher gewonnen worden. — Die Verbindungsbrücken mit dem Centrum konnten von dieser Vor= rückung protegirt, unter Einem geschlagen werden. — Hierdurch wurde Zeit gewonnen, und der Feind direkter auf seiner wich= tigsten Verbindungslinie mit Genua bedroht.

Unterblieb es, weil man am Ticino einen ernsten Wider= stand des Gegners erwartete, so war dieß eine zu große Unter= schätzung Victor Emanuel's und seines Generalstabes. — Die

---

*) Wer es verkennen würde, was in diesen Richtungen seit dem Jahre 1849 in der österreichischen Armee Alles geschehen, versteht Nichts oder hat bösen Willen. — Keine Armee der Welt hat in der kurzen Frist von 10 Jahren solchen riesigen Schritt gethan; dennoch ist noch Vieles zu ändern, zu vervollkommnen, zu regeln; die Betrachtungen hierüber würden aber hier vom Zwecke zu weit abführen, und sollen seiner Zeit speziell besprochen werden.

piemontesische Armee konnte nur halbwegs vernünftiger Weise nichts Anderes thun, als bis zum Anlangen der großen verbündeten Armee, die doch nur den Kampf mit der österreichischen, unter der Wahrscheinlichkeitschance des Sieges aufnehmen konnte, in strengster Defensive innerhalb seiner festen Stellung verharren.

Die Ueberschreitung des Ticino ist vom politischen, wie vom strategischen Standpunkte nur zu rechtfertigen, wenn selber unmittelbar — ohne alle Zögerung die weitere Vorrückung, die entscheidende Schlacht folgte.

Wollte man diesen kühnen Wurf nicht wagen, so durfte der perfiden Diplomatie die Waffe nicht in die Hand gespielt werden, sagen zu können: „Oesterreich habe den Kampf faktisch begonnen!"

Strategisch betrachtet, durfte die Armee nicht in die nachtheilige Stellung bleibend versetzt werden, über deren so gerühmten Werth gesprochen werden soll.

Fand man die Position des Feindes unangreifbar, oder geboten andere plötzlich eingetretene, uns nicht bekannte Gründe, die Fortsetzung der begonnenen Offensive aufzugeben, so mußte — wenigstens die Hauptmacht — besser die ganze Armee, über den Ticino zurückgehen, denn die Stellung in der Lomellina hatte folgende Hauptnachtheile:

1) Stand der Feind zu nahe auf dem Halse und concentrirt, im linken Flügel und Centrum vom Po — im rechten Flügel von Alessandria gedeckt; die österreichische Armee dagegen in einer Ausdehnung von mehreren Meilen, den Po (wenn auch an mehreren Punkten überbrückt) zwischen dem linken Flügel und Centrum, den Ticino unmittelbar im Rücken.

2) Hatte der Feind die Eisenbahn quer hinter seiner Stellung laufend derart zu seiner Disposition, daß er binnen 24—48 Stunden seine Hauptmacht von einem Hügel auf den anderen werfen konnte.

3) War für den Feind fast jeder Landbewohner bezahlter oder freiwilliger Spion, während das österreichische Hauptquartier, wie immer, theils aus übel angebrachter

Oekonomie, theils der Volksstimmung wegen, auf's Schlech=
teste berient war.

4) Endlich war die Stellung der österreichischen Armee in der
linken Flanke (Stradella=Piacenza) über Bobbio immer
bedroht, sobald einmal die französischen Heersäulen den tak=
tischen Boden erreicht hatten, zu welcher Abwehrung ein
ganzes Armeekorps absorbirt blieb.

Die Uebermacht der einmal vereinten Franco=sardinischen
Armee war kein Geheimniß, ebenso bekannt war, daß Prinz
Napoleon mit einem namhaften Corps auf Parma rücke, daß das
ganze Gelände des rechten Po=Ufers von Piacenza bis Ferrara
nur dessen Annäherung erwarte, um die Fahne des Aufruhres
offen aufzupflanzen, — endlich daß die Expedition bereits in See
gegangen, welche Landungstruppen an die Po= und Etsch=Mün=
dungen werfen sollte, um Venedig zu bedrohen, und an die Diver=
sion des Prinzen Napoleon in Flanke und Rücken der operiren=
den Armee anzuknüpfen.

Wie nach solchen klar zu Tage liegenden Thatsachen, die
Stellung in der Lomellina sorglos festgehalten, die Zeit — dieses
unersetzliche Kapital, mit plan= und nutzlosen die Truppen ab=
müdenden Hin= und Hermärschen, Rekognoscirungen verschwendet
werden konnte, bleibt dem einfachsten militärischen Verstande ein
nicht lösbares Räthsel! — Was sollte zum Beispiel die scharfe
Rekognoscirung gegen Montebello nützen, da es Napoleon durch
die enge koncentrische und jeder Wahrnehmung entzogene Stellung
und seine riesigen Beförderungsmittel, hart hinter derselben mög=
lich gemacht war, die etwa gemachten — für den Moment
ganz richtigen Wahrnehmungen des Grafen Stadion
binnen 24—48 Stunden zur Lüge zu stempeln, wodurch jeder
auf diese gemeldete Wahrnehmung hin gebaute Kalkul falsch
wurde?

Die einzige Lehre, welche aus dem für die österreichische
Armee so ruhmvollen Gefechte bei Montebello herauszufühlen
gewesen wäre: „daß nämlich" — wie oben gesagt, — „der Feind
auf jeden beliebigen Punkt, sei's zur Abwehrung, sei's um einen
offensiven Schlag zu führen, in bei weitem kürzerer Frist
als die österreichische Armee, eine überwiegende Macht zu

sammeln im Stande ist!" — letztere also, unter allen Umständen in der innehabenden Stellung sich immer in dem Nachtheile befinden werde, den Kampf mit der Uebermacht einzugehen, — *) dieser gewichtige Fingerzeig der durch den Gang des Gefechtes bei Montebello so klar gegeben wurde, daß Napoleon über die zu offene Darlegung seiner ihm für den entscheidenden Moment zu Gebote stehenden Mittel den Tadel der militärischen Kritik verdient, ging spurlos an dem österreichischen Hauptquartiere vorüber.

Ein ferneres unlösbares Räthsel bleibt, wie Garibaldi bei Sesto-Calende, — also schon im Rücken der österreichischen Armee, den Ticino überschreiten, bis Como gelangen konnte. Es war kein Geheimniß, daß dieser Bandenführer sich in den Bergen westlich Arone herumtreibe, es war kein Geheimniß, daß General Niel mit 40,000 Mann in beobachtender Ferne nachrücke.

Feldmarschall-Lieutenant Urban war unmittelbar nach Uebersetzung des Ticino mit seinem Streifkorps dort gestanden; kurz darauf finden wir ihn im Kampfe bei Montebello, später abermals am äußersten rechten Flügel gegen Garibaldi.

Soll diese Generals- und Truppen-Hetze Genialität beurkunden, warum entzog man diesen Führer des fliegenden Corps seiner richtigen Wirkungssphäre, wer nahm am Lago maggiore seinen Platz ein, und ist wohl der leise Zweifel gestattet, daß, wenn Urban mit einer genügenden Truppenzahl sich im dortigen Bereiche befunden hätte, wie es die einfachsten Regeln der Taktik geboten, Garibaldi's Durchbruch unterblieben, das Hauptquartier zeitig genug vom Anrücken der großen feindlichen Macht unterrichtet, die ganze Ueberflügelung über Tubigo, — die so übereilte Räumung Mailand's — die sich nur durch die Ereignisse in fast unmittelbarer nördlicher Nähe halbwegs entschuldigen läßt, — vermieden worden wären?

Was bei Magenta geschah, wie die noch genügend vorhandene Zeit, um den Schlag zu pariren, rathlos versplittert

---

*) Der erste und wichtigste Lehrsatz der Taktik, auf dem richtigen Punkte, zur rechten Zeit eine Mehrzahl an Kräften dem Feinde entgegen zu stellen, welche bei gleicher Tapferkeit und gleicher Umsicht den Erfolg verbürgt.

wurde, wie die nicht verlorene Schlacht wieder aufgenommen, durch rasches Heranziehen aller noch disponibelen Kräfte, auf beiden Ufern des Ticino aufwärts, wo die Truppen eben standen, zum entscheidenden Siege der österreichischen Fahnen, zur vollständigen Niederlage des Feindes umzuwandeln war, — davon soll hier nicht gesprochen werden, denn zu solchem Handeln gehört eben das Genie des Feldherren, und dieses war nicht vorhanden.

Hier soll nur das getadelt werden, was gegen die einfachsten, selbst in niederer militärischer Sphäre allbekannten Schulregeln der Taktik verbrochen wurde.

Die nun weiter folgenden Fehler gehen zum größten Theile aus den bereits begangenen hervor.

Die nördliche Landstrecke (von Mailand — südliche Alpenabdachung), die Eisenbahn — waren bereits preisgegeben, die Armee befand sich zwischen Abbiate-grasso, Rosate, Binasco, — in der Landeshauptstadt flatterten bereits die piemontesischen Farben durch die Straßen. Pavia, Piacenza wurden geräumt.

Unter anderen Umständen wäre ein Zurückweichen nur bis hinter die Adda mit gleichem Heranziehen der hinter dem Mincio bereitstehenden bedeutenden Reserven (müssen wenigstens 50- bis 60,000 Mann gewesen sein), und Festhalten von Pavia und Piacenza taktisch zu rathen gewesen. — Bei den strategischen Rücksichten, welche die zu erwartenden Ereignisse am rechten Po-Ufer und vom adriatischen Meere her gebieterisch erheischten, — ließ sich die Lombardie schwer mehr halten, leichter wieder erobern.

Beim Entwurfe des Feldzugsplanes mußte jedoch der Fall der Räumung der Lombardie nicht nur als möglich, sondern sogar als wahrscheinlich um so mehr vorgedacht worden sein, als in diesem der rechtzeitige Angriff der piemontesischen Armee in ihrer festen Stellung hinter Alessandria nicht beschlossen erschien.

Der einzig möglich zu führende taktische Schlag, dessen Gelingen die Erhaltung der Lombardie verbürgen konnte.

War also die mögliche und wahrscheinliche Räumung der Lombardie vorgedacht, und war in Folge selber die Räumung Pavia's und Piacenza's als logisch richtig bezeichnet; warum verschwendete man Millionen für deren Befestigung in solchem Style?

Die Verpflegung des Mannes hielt vielfältig nicht gleichen Schritt mit den taktischen Dispositionen *).

Was bei dieser mangelhaft geleiteten Verpflegung des Mannes noch in dessen Hand gelangte, wurde durch andere Mißgriffe nicht selten ihm wieder entzogen.

Das Umwerfen der Kessel mit halbgekochtem Fleische oder daß es gar nicht zum Abkochen kommen konnte, traf sich oft genug und liefert nur den Beweis, daß entweder dem nöthigen Zeitmaße zur Mittheilung der Befehle nicht praktisch umsichtig Rechnung getragen, oder, was noch schlimmer und von entschieden nachtheiligen Folgen für das so nöthige Vertrauen der Truppen zu ihrem Heerführer ist, — daß die gefaßten Beschlüsse wieder geändert wurden. Bei einem großen Heerkörper ist aber jede Aenderung in einmal abgelaufenen Dispositionen von so gefährlichen Möglichkeiten begleitet, daß ein kluger und kriegserfahrner Feldherr unter zehn Fällen neunmal lieber bei der einmal getroffenen Anordnung es belassen, als durch Abänderung den daran sich knüpfenden nachtheiligen Chancen sich aussetzen wird.

Schließen wir diese traurigen Betrachtungen um des letzten Aktes des Dramas noch kurz zu erwähnen.

Die genommene Offensivstellung mit dem rechten Flügel der

---

*) Es sei ferne von uns über eine ganze Branche den Stab zu brechen, welche auch ebenso tüchtige als rechtliche Männer zählt; und dieß wäre eine schlechte Bürgschaft unseres besonnenen und unparteiischen Urtheils.

Aber es ist nicht zu verhehlen, daß die Verpflegung der österreichischen Truppen im Felde, im Detail zu viel dem guten Willen, der speziellen Auffassung Einzelner oft preisgegeben, daß die gesetzlichen Strafen für versäumte oder verletzte Dienstpflicht in dieser Sphäre durchaus nicht im Niveau mit dem hierdurch erzeugten Schaden stehen, daß kurz gesagt, die Generale die Verpflegung ihrer unterstehenden Truppen, sei's Brigade, Division, Corps — zu wenig in ihrer Hand haben, zu wenig directen Einfluß nehmen können.

Ist einmal das Schwert gezogen, gilt nur die militärische Despotie. — Dafür muß aber der General auch auf der Höhe seines Berufes stehen!

Armee an Lonato gelehnt, berechtigte zu den günstigsten Erwartungen; Kaiser Franz Josef war selbst in Mitte seiner braven Krieger getreten, die ihm mit unbeschreiblichem Enthusiasmus entgegen jubelten.

Warum wurde diese günstige Stellung plötzlich aufgegeben, die den Stützpunkt zur Vorrückung gegen Solferino bot? — oder hatte man erst später wieder sich zur Offensive entschlossen, oder wollte man wohl gar Napoleon über die Absichten der nächsten Zukunft täuschen? — ihn damit glauben machen, es denke Niemand mehr daran, den Mincio zu überschreiten?!

Solche Kombination wäre doch gar zu große Unterschätzung des Gegners, denn dem Feinde standen: im vollen Umfange die Mittel zu Gebote über jeden Schritt, den die österreichische Armee gethan, in kürzester Frist in Kenntniß zu gelangen, daher auch beim Kalkül zur Schlacht bei Solferino, von Vornhinein die Möglichkeit vorgedacht sein mußte, der entschlossene und wachsame Feind werde durch eine rasche Gegenbewegung die getroffenen Dispositionen des österreichischen Feldherrn durchschneiden.

Dieß geschah auch; daß übrigens die Schlacht bei Solferino ebensowenig verloren war, wie jene bei Magenta wird kein Militär von Unpartheilichkeit und Umsicht in Zweifel ziehen*), und somit lassen wir mit schmerzlichem Gefühle den Vorhang sinken.

Es bleiben nun noch jene geistigen Hebel in ihrem dermaligen Standpunkte zu beleuchten, welche das Leben der Völker mehr oder weniger durchströmen, auf ihren Vor- oder Rückschritt entschiedenen Einfluß nehmen.

Diese geistigen Gewalten, deren Einflußnahme von der kurzsichtigen Gedankenlosigkeit und dem Materialismus meist unbeachtet — oder gar weggeläugnet wird, weil sie — gleich dem regelmäßigen Drucke der atmosphärischen Luftsäule, welche nach dem Naturgesetze unabänderlich auf jedem Individuum lastet, und das Athmungsvermögen und mit ihm den Kreislauf des Blutes bedingt, im ruhigen Zustande unbemerkt bleibt; im Brausen

---

*) Napoleon I. hatte die eigentlichen Entscheidungs-Momente seiner großen Schlachten immer erst da begonnen, wo die österreichische Armee im Feldzuge 1859 aufhörte, den Kampf aufgab!

des Sturmes erst, der die Normallage der Luftatome verrückt und hin und wieder peitscht, zur Fühlung gelangt, — diese geistigen Gewalten — sie dürfen bei diesen Erwägungen nicht unbesprochen bleiben, soll die beabsichtigte Schlußfolge nicht eine gänzlich verfehlte werden.

Diese sind: „Religion (Moral)",
„Freiheit (Regierungsform)",
„Nationalität (mit Bezug auf politische Staatenbegrenzung)",
„Fortschreiten der Civilisation" und
„Intelligenz (mit deren Gefolge)".

VI. Religion (Moral).

Die Lehre Christus ist in Europas Staaten herrschend. Die europäische Türkei mit ihrem Halbmonde verdient in dieser Hinsicht keine Beachtung mehr, und ein aufmerksamer, geistiger Blick mag schon das keimende Kreuz auf der Aja Sophia gewahren; ob zum Heile des wahren Christenthumes, weiß Gott allein.

Die spanische Halbinsel, Italien, Frankreich und Süd-Deutschland (Belgien, Polen, Croatien und Ungarn) halten zum größten Theile als katholisch gläubig zu Rom, — England, Skandinavien, Norddeutschland, Holland und ein großer Theil Ungarns und Siebenbürgens hängen der Lutherischen Lehre und ihren Dissentern an.

Der russische Staatenkoloß, der Serben-Ruthenen-Stamm, die Moldau-Walachen und alle dem Türken-Sultan unterthänigen Christen, — dann Neu-Griechenland sind der griechischen Kirche gläubig, und erkennen zum großen Theile im mächtigen Czar auch ihr kirchliches Haupt!

Der katholische Ritus sowie der protestantische lassen in ihren längst befolgten humanen Tendenzen keine Steigung zu so schroffem Standpunkte fürchten, daß es je wieder bis zum Blutvergießen kommen sollte. Etwaige Zwischenfälle werden sich lokalisiren. — Die aufklärende Gesittung ist zu weit vorgeschritten. — Leider ist diese Toleranz nicht nur die edle Frucht der Erleuchtung, sondern auch des Indifferentismus. — Der seltener gewordene Glaubenseifer steigert sich daher auch geneigter zur Excentricität — aber diese ist aus Mangel an Bodenfläche ungefährlich. Die Emanzipation der Juden in katholischen und protestantischen Ländern, längst gesetzlich oder stillschweigend eine Thatsache geworden, ist eben auf dem Wege, sich durchgreifend festzustellen.

Ein näheres Eingehen auf diese Frage gehört nicht hierher, selbe hat auch längst aus ihrer politischen Wichtigkeit sich verwaschen, seit so viele Christen Juden geworden, seit so viele Juden sich taufen lassen, seit der wahre orthodoxe Jude fast zum seltenen Schaustück sich vermindert hat.

Mit dem griechischen Ritus steht es gefährlicher. Sein Charakter macht ihn direkte in das politische Getriebe jener Staaten hineinwachsen, welche eine größere oder geringere Zahl seiner Gläubigen als Unterthanen zählen.

Sollten die europäischen Mächte auch für die Folge jedes großen Zukunftsgedankens baar, in ihrer kleinlich egoistischen Politik verharren, so kann wohl noch die Vorhersage Napoleon I. wahr werden, daß die Kosacken ein zweites Mal in der Seine ihre Pferde tränken. — Dann wird sie aber kein Machtwort mehr über den Rhein zurückrufen, und die magyarische Jugend, die sich dermalen mit stolzer Verachtung gegen deutsche Intelligenz sträubt, wird sich bequemen, auf dem Katheder einen russischen Vortrag zu vernehmen, zu dessen besserer Eindringlichkeit eine feste Knute zur Hand sein dürfte.

Bis dahin ist jedoch noch so weit, daß mittlerweile sogar ein einiges Deutschland gedacht werden kann, welches dieser Vandalenfluth wohl einen festen Damm entgegensetzen würde.

Am schlimmsten stellt sich's mit der Frage, wie es bei den Völkern Europa's überhaupt um die Religion stehe? die Antwort, ist eine sehr traurige.

Der Glaube — die einzig wahre Grundfeste jeder Religion — ist tief erschüttert.

Der Glaube ist aber ein Gut, welches — einmal verloren — nicht mehr gefunden werden kann!

An seiner Statt ist die Welt an geistiger Entwickelung reicher geworden; was sie dabei gewonnen, zeigt der Stand der Moral, welche mit dem Glauben gleichen Schritt geht.

Dem Menschen ist einmal der Egoismus — das Interesse für sein Ich angeboren.

Nur die Furcht vor dem geistigen oder leiblichen Richter (Gott — Gesetz) hält ihn von Handlungen zurück, die mit seinem Vortheile mehr Hand in Hand laufen würden. — Lohn und Strafe sind die gewichtigen Motive die den Menschen leiten.

Recht thue, um des Rechtes Willen, aus rein moralisch philosophischen Prinzipe, ohne die Erhebung des Gemüthes, daß damit Gott wohlgefällig gehandelt, daß dafür einst der Himmel werde, oder bei entgegengesetztem Thun die Seele der Hölle verfällt, — Rechtthun um des Rechtes willen ist ein geistig moralisches Monopol, welches sich im Menschengeschlechte sehr schwach vertreten findet. — Das Verlangen darnach eine Utopie, welches die Gesetzgeber sich mehr vor Augen halten sollten, um mit den philantropischen Milderungen in ihren Büchern nicht endlich dahin zu gelangen, zum Nachtheile des Redlichen, Ehrlichen, Unschuldigen, den Schurken zu schirmen.

Welche Rückwirkung der gelockerte Glaube und in dessen nächster Folge die schlaffe Moral auf die Familie, und von ihr auf den Staat üben muß, bedarf keiner Auseinandersetzung.

Das ritterliche Wort, der treue Handschlag haben längst ihre Geltung verloren; die verklausulirte und verbriefte Bürgschaft ist an deren Stelle getreten, um in hundert Fällen mit Hilfe eines geschickten Anwalts unter der Aegide eines nach den Umständen deutbaren Gesetzes zum Nachtheile des arglos Vertrauenden, dem Betrug den Stempel der Rechtsgiltigkeit aufzudrücken.

Die Erhebung des Geistes von den Fittigen des Glaubens getragen, mit den Farben der Phantasie geschmückt, kümmert verschämt unter der Realität des Treibens nach irdischem Genuß, des Materialismus dahin; die Kunst findet keinen Mäcen mehr und ringt nach trockenem Brote, die wahre dichterische Leier ist längst verklungen, seit sie ihre Gesänge profanen Zwecken ver-

tauft; — wer sieht in dem jetzigen Ringen zur Feier unseres un=
sterblichen deutschen Dichters wohl Anderes, als das konvulsivische
Streben nach einem **unnennbaren Etwas**, was der edlere
Funke in der Brust des Menschen gebieterisch **fordert**, was
aber **nicht mehr ist**!

Streuet Weihrauch Schiller's Asche, und ließe ein milder
Genius — als Phönix einen zweiten Schiller aus der Urne stei=
gen, — er würde schaudernd in die Gruft verlangen, — denn er
fände die Generation nicht, die ihn **verstehen** — **fühlen** kann.

VII. Freiheit (Regierungsform).

Der Begriff von Freiheit findet sich vielfältig analysirt und
definirt, eine Unzahl Bücher wurden darüber geschrieben, ohne
daß in der praktischen Anwendung eine absolute Klarheit erzielt
worden wäre.

Ebenso unfruchtbar blieben bis nun alle theoretischen Erwä=
gungen über die beste der Regierungsformen, und die Geschichte
gibt nur die Lehre, daß alles Werk von Menschenhänden **unvoll=
kommen sei** — als solches eben **sein müsse**; — denn es ist
einmal unabänderlich und unerbittlich die Bestimmung des Men=
schengeschlechtes: „**das Höchste anzustreben, ohne es je
erreichen zu können!**"

Das **Zuviel** im überstürzenden Eifer und mit dem redlich=
sten Willen und mit Aufopferung dargebracht, wird daher für den
Zweck so verderblich ausschlagen, wie das **Zuwenig**. — Zuviel
Sparsamkeit wird Geiz, — zuviel Vorsicht — Feigheit. — Jedes
Gute schlägt in der Steigerung zum Schlimmen, ja jede Tugend
in gewisser Potenz zum Laster um.

So sehen wir den Menschen je nach den Grenzen seiner
individuellen Begabung, seines geistigen Vermögens, seiner schützen=
den moralischen Stufe, und den Verhältnissen in deren Bereich er
gezogen, auf dem gebrechlichen Nachen, die beschränkte Erkenntniß
am Steuer, die oft täuschende Erfahrung als Leitstern durch's
sturmbewegte Leben schiffen, und jede Woge macht den Nachen

schwanken, droht ihn nach einer oder der andern Seite in die Fluth zu stürzen. — Das Zuwenig, — Zuviel am Steuerrude bringt ihm den Untergang, das rechte Maß allein ist Bürgschaft für den sichern Hafen.

„Das rechte Maß in Allem!" So schallt's verhängnißvoll von den Lippen der Sphynx, und das Menschengeschlecht müht sich seit Jahrhunderten ab, das Räthsel zur Lösung zu bringen! — aber es ist noch nicht gelöst, und wird nicht gelöst werden.

Daraus folgt vernunftgemäß, daß der Mensch in Allem, — folglich auch in der Regierungsform nur ein solches Ziel erreichen kann, welches bei Erwägung nach allen Richtungen, das möglichste Gleichgewicht in der Wechselwirkung verbürgt.

Grundbedingung bleibt: „Größtmöglichste Entwickelung individueller Freiheit ohne gegenseitiger Hemmung und ohne Bedrohung des Ganzen!" —

Wem entsinkt bei solcher Aufgabe nicht der Muth, dessen Blick hell genug gereift, jeden läppischen Traum einer Utopie, jede täuschende Illusion hinter sich zu werfen, und nur das geringe Maß jener Verstandesschärfe richtig zu erfassen, welches die Natur dem Menschen als eine Geistesfrucht nebst all' der Spreu und wucherndem Unkraute zugemessen?! —

Nach diesem bemüthigenden Geständniß muß uns die Anmaßung wohl ferne liegen, irgend einer Regierungsform entschieden den Preis zuzusprechen, um so weniger als diese nebst der Grundfärbung immer erst nach Alter, Bildungsstufe und Nationalcharakter der Völker ihre weiter bedingten Farbenstufen erhalten kann und fordern wird, aber wir nehmen das Recht in Anspruch eine Meinung zu haben.

So weit die Geschichte als sichere Führerin dienen kann, finden wir die rascheste Kraftentwickelung bei jenen Völkern, an deren Spitze intelligente Fürsten mit absoluter Macht standen.

Dafür bleibt Alles, was Er und seine Bevollmächtigten nicht selbst zu Tage fördern, unwiderruflich ungehoben im reichen Schachte, — das Genie — die Befähigung gelangt mehr durch Zufall oder Gunst, als durch sich selbst zur Geltung, Sympathien und Antipathien sind leitende Potenzen, und was das

Schlimmste ist, der Herrscher und seine Regierung lernen die geistigen und materiellen Kräfte nur in sehr beschränktem Umfange kennen, welche zu Gebote ständen und zur Wohlfahrt, zum Gedeihen, zum Nutzen des Staates und dessen Bürger verwendet werden könnten und sollten.

Im Gegensatze bieten Staaten, deren Fürst durch freies Wort und Schrift sich selbst gewisse Grenzen seiner Macht setzt, eine zwar schleppendere aber gründlichere Entwickelung aller vorhandenen geistigen und materiellen Kräfte.

Der freie Austausch des Gedankens, die rücksichtslose Beleuchtung nach allen Seiten, die offene Rüge jedes Mißbrauches fördert die Entwickelung, giebt klare Fernsicht, hebt die absichtliche oder zufällige Täuschung, stellt das Talent, die Befähigung von selbst in die homogene Sphäre, das gefährliche und jedenfalls kostspielige Experimentiren wird auf ein möglichstes Minimum gebracht, die Regierten nehmen ein Interesse an der Regierung, des Bürgers Herz schlägt höher im stolzen Bewußtsein einer Bürgschaft. — Diese Deduktion klingt so verführerisch, daß jeder Unbefangene ohne Bedenken bei der Wahl dieser Regierungsformen nach Letzterer greifen wird, und doch hinkt sie in der praktischen Anwendung erbärmlich an Uebeln, die wieder in der Unvollkommenheit des Menschen, in dessen angeborenem Egoismus ihre Quelle finden.

Wir wollen nur die grellsten anführen:

1) Der Wahlmodus.

Dessen zu enge Begrenzung schließt unstreitig einen großen Theil der Intelligenz aus, denn diese ist eben nicht allein in den wohlhabenderen Klassen zu suchen.

Dessen zu große Ausdehnung begünstigt die Einschmuggelung unreiner Hilfen. — Bestechung, Käuflichkeit, Ueberredung gelangt zur nicht zu bekämpfenden Geltung.

Selbst in England, dem Staate, in welchem man es unstreitig in der Kunst auf die höchste Stufe gebracht, unter scheinbar freiesten Institutionen das hungernde Volk zu knechten, taucht die gewichtige Frage hierüber immer wieder auf, und Tories und Whigs sammt ihren Parteischattirungen haben alle Mühe die Debatten über diesen Punkt, von der geringen Zahl es ernstlich meinender Liberalen in Zeitperioden angeregt, sich so weit vom Leibe zu halten, daß der forschende Blick nicht hinter der Larve die Fratze des lachenden Auguren entdeckt.

Wer über den Schmutz, der an dieser Angelegenheit klebt, sich gründlicher belehren will, lese die unparteiischen Berichte, in welcher Weise bei den Wahlen vorgegangen wird, welcher Mittel hoch- und höchstgestellte Persönlichkeiten sich bedienen, um: „Stimmen zu gewinnen!"

Den empfindlichsten Schlag gegen die sogenannte: „freie Wahl aus dem Volke" und „das Vertrauen", auf welches sie Anspruch machen darf, hat Napoleon, obwohl mit Glück, in jüngster Zeit geführt. — Wem seither über diese Frage die Augen nicht geöffnet worden, der wird das Licht nicht mehr schauen.

2) Die Debatte.

Ueber den das Staatswohl fördern sollenden Zweck derselben kann wohl kein Zweifel erhoben werden. Es handelt sich, ob in der praktischen Anwendung nur — oder doch vorzugsweise, überwiegend diesem Zwecke entsprochen wird, und hierauf muß wieder ein entschiedenes: „Nein!" folgen.

Wer je der Debatte vom strengen Gesichtspunkte ihrer Aufgabe Aufmerksamkeit, besonnene und unparteiische Beachtung geschenkt, sei's nun in England's hochgepriesenem Parlament, sei's in französischen, belgischen, deutschen Kammern — wird zugestehen, was da auf dem Felde der Parteisucht, der persönlichen Eitelkeit, endlich des Privat- (Lokal-) Interesses geleistet wird.

Findet man diese Männer des Volkes vollzählig an ihren Plätzen, aufgeregt, impulsirt, — die Tribunen voll, die Massen in Erwartung der Dinge, die da kommen sollen, — so darf man kurzweg der Ueberzeugung sein, es handelt sich um eine religiöse oder politische Parteifrage — um eine Existenzfrage dieses oder jenes Parteimannes — oder des am Machtruder befindlichen Ministeriums, — endlich wohl gar, der immer mit scheelem und verdächtigendem Blicke umlauerten Regierung jubelnd eine Schlappe zu geben, ihr ein Bein zu schlagen, wohl gar, — wenn diese schwach und unentschieden genug war, — sie zu stürzen!

Wem es an gesundem Schlafe gebricht, dem rathen wir dagegen, in eine Versammlung zu gehen, in welcher irgend ein

Gegenstand von wahrem Interesse für das allgemeine Wohl besprochen wird. Der Redner kann überzeugt sein, daß er sich allein hört, und der Schlummerbedürftige wird beim eintönigen Fluß der Worte, wie beim Murmeln eines still hinfließenden Baches zuverläßlich in das Reich der Träume gewiegt.

Das ist die praktische Wahrnehmung der Debatte im Allgemeinen. Ehrenvolle Ausnahmsfälle sollen darum nicht ausgeschlossen werden, aber daß sie als Ausnahmen von der herrschenden Regel bezeichnet werden müssen, bricht den Stab!

3) Die Presse.

Ihr Wirken ist reinerer, ja selbstständigerer Natur, vorausgesetzt, daß sie nicht schon korrumpirt oder verkauft ist; sie ist gewichtiger in ihrer Macht, als die Debatte, sie kann sich auf besonnenerem Standpunkte erhalten, denn sie hat für ihr schriftliches Wort die Zeit zur Ueberlegung.

Sie ist vielseitiger in ihrer Wirkung — daher gefährlicher, aber auch entschieden wohlthätiger, und — kurz gesagt — das einzige Mittel, die auf Fehlwege gerathene Regierung zu verständigen, zu belehren, — wenn sie sich verständigen, belehren lassen will!

Hierzu muß sie aber rücksichtsloses ungebunden, und nach allen Richtungen vollkommen frei sein.

Was soll eine Presse nützen, über welche die Censurscheere gegangen, oder welche nur den Abdruck dessen bringen darf, der ihr hohen Ortes vorgezeichnet? Die Presse muß gänzlich unabhängig erkannt sein, wenn sie volles Vertrauen genießen soll.

Durch sie allein kann das schwierige Menschenwerk des Regierens zur möglichsten Vollkommenheit im Laufe der Zeit gesteigert werden, indem mit Ruhe und Verstandesschärfe der biblische Wahlspruch geübt wird: „Prüfet Alles und behaltet „das Beste!"

Es ist dies keineswegs eine Entwürdigung der Regierenden, diesen Leitfäden theils zu folgen, theils belehrend entgegen zu treten, endlich von ihrem höheren Standpunkte aufklärend zu berichtigen.

Die Presse ist berufen, diesen so wichtigen und erfolgreichen

Ideenaustausch immer lebendig zu erhalten, ihre schwarze Welle trägt das Vertrauen, die Zuversicht in die Massen.

Der Besorgniß des Mißbrauches können wir nicht beistimmen, und sind im Gegentheile der Meinung, daß — einmal in ihrer richtigen Bestimmung von der Regierung entschieden und ohne Rückhalt anerkannt, die Presse in und aus sich selbst auf eine solche moralische Höhe sich schwänge, daß sie entehrenden, entwürdigenden Anbot entrüstet von sich weisen würde.

Endlich bewahrt das Institut der Jury vor jeder Ausschreitung, welche das bestehende Gesetz auch in sonstiger Richtung als strafbar bezeichnet.

Daß eine solche unbegrenzte Freiheit des Gedankens ein aufmerksames Auge erheischt, und als Grundbedingung die ernste Absicht voraussetzt, wirklich nur nach dem wahren Wohle der regierten Völker zu streben, soll hier nicht geleugnet werden.

Wir haben uns in den vorstehenden Blättern durchaus nicht als England befreundet gezeigt, und erklären sogar unumwunden, daß wir es für das aufstrebende Wohl der Völker Europa's für höchst ersprießlich hielten, auf den Straßen London's so bald wie möglich Gras wachsen zu sehen, denn England kann nur durch das dauernde Zerwürfniß der Staaten des Festlandes sich fortschwindeln; wir sind aber unparteiisch genug, unsere Bewunderung für viele Theile der englischen Staats-Institutionen offen und ehrlich auszusprechen, und stellen dessen freie Presse oben an!

4) Die exekutive Gewalt.

Das richtige Maß derselben ist wohl oft besprochen, gesucht, aber noch nicht gefunden worden. — Ist es zu groß, so bleibt die ganze konstitutionelle Regierung eine leere Form, ja ein öffentlicher Betrug.

Ist die Gewalt in zu engen Grenzen gezogen, hat sich die Regierung die Freiheit selbstständigen Handelns unvorsichtig oder feige aus der Hand winden lassen, so wirft der erste beste kühne Volkstribun mit ein paar helfend zur Seite stehenden ehrgeizigen Geldmännern sie über den Haufen.

In wie vielen Fällen die Regierenden bei konstitutionellen

Formen in Versuchung gerathen, auf dem Wege der Bestechung mit Gold, Ehren und Ordenskreuzen, theils in wirklich öffentlichen, theils in eigenem Erhaltungs-Interesse, zum Ziele zu gelangen und hierdurch die Moral von oben herab successive untergraben, soll weiter unerwogen bleiben.

So steht es mit den Schattenseiten dieses so glänzend schimmernden Menschenwerkes.

Ob und wie sie von der Lichtseite bis nun' überboten wurden, was daran Täuschung, was Wahrheit — ob noch eine verständige Scheidung und Regelung näher zum anzustrebenden Ziele führen könnte, ist eine Frage an die Zukunft.

Die Republik — allerdings die sublimste Regierungsform, welche für die Menschengesellschaft gedacht werden kann, bedarf nichts weiter, als eine kleine Umwandelung des Menschengeschlechtes selbst.

Sobald die Lehre Christi: „Liebe Deinen Nächsten „wie Dich selbst!" zur Wahrheit wird, wollen wir uns augenblicklich die phrygische Mütze aufsetzen, — bis dahin sei uns gestattet, diese Chimäre eines kranken Gehirnes als Anwendung auf die Völker Europa's bei dermaliger gegenseitiger Gruppirung der Staaten, deren innerer Organisation, ihren Traditionen, Sitten und Gebräuchen, und dem Standpunkte der Religion und Moral, wie wir selbe gezeichnet, — mit wahrem Mitleide zu belächeln, die Vertreter dieser Idee aber für das Tollhaus oder die Galeere reif zu erklären.

Der Dichter hat das schöne Vorrecht, sich im Reiche der Phantasie zu ergehen, sich für eine Idee zu begeistern, sich in höhere Sphären zu schwingen; aber auch er muß der Menschenhülle wegen immer wieder zur Erde zurückkehren.

Die Republik, wie sie von solch' schwindelnder Höhe gedacht werden kann, wäre allerdings die Poesie des Lebens, aber der Mensch bedarf der trockenen Prosa. — Wir können uns ein Paradies träumen, das ist uns gestattet, wir können uns jedoch keines schaffen! —

VIII. Nationalität.

Im Organismus der Staaten, wie in jenem einzelner Individuen gelten dieselben Naturgesetze. Das Glied, welches sich im Körper herausfühlt, ist krank. Im Gleichgewichte des gesunden Zustandes folgen alle Theile unbeachtet ihren naturgemäß zugewiesenen Funktionen.

So verhält sich's mit der Krankheit des Nationalitäts=Schwindels der Neuzeit.

Einige absurde Beispiele aus den Perioden der finstersten Barbarei und vereinzelte Bestrebungen späterer Zeit, die uns die Geschichte aufgezeichnet, kam es nie einem Herrscher, einer Regierung, einem Volke in den Sinn, die besiegte Nationalität direkte anzugreifen.

Der auf selbe scheinbar gerichtete Druck galt nur der Sicherung der Macht, und der natürlichen Geltendmachung der Sieger.

Der Unterjochte mußte sich wohl den unausweichlichen Konsequenzen fügen, aber damit war es auch abgethan; er sank je nach der Kulturstufe seines Unterjochers zum Sclaven, Pariah, Gedrückten, parteiisch Bevormundeten herab, aber er blieb was er war, Römer oder Grieche, Teutone oder Franke, u. s. w. — so lange seine Nationalität nicht von selbst, auf natürlichem, friedlichem Entwickelungswege in einer anderen aufging.

Die neuere Staatengeschichte zeigt uns noch gründlicher die gänzliche Erfolglosigkeit jedes versuchten Nationalitäten=Zwanges im Gegensatze zu dem natürlichen Anschlusse einer Nationalität an die andere, wo homogène Interessen und Intelligenz dem Aufgehen der einen in der anderen, durch politische Verhältnisse angebahnt, die Hand geboten.

Der ungebundene geistige und materielle Verkehr der Völker hat jede politische Scheidung nach Nationalitäten im Verein mit wohlzuerwägender Rücksicht auf die dermal bestehenden Gruppirungen und Verbindungen der Völker — zur völligen Unmöglichkeit gemacht, und es würde gerade als eine widernatürliche Anstrebung des schroffsten Gegentheiles dessen zu bezeichnen sein, was als der höchst erreichbare Triumph menschlicher Entwickelung und Vervollkommnung vom geistigen und moralischen Standpunkte längst erkannt wurde. „Jeder Mann, gänzlich rücksichtslos weß Namens, weß Herkommens, welchen Glaubens — gerade so viel gelten zu lassen, als er eben als Mann werth ist!"

Sehen wir ab von dem hochmüthigen Dünkel des Britten, und der in steifer Cravatte einherschreitenden Ueberschätzung des Norddeutschen, die mehr des Lächerlichen als Bedrohlichen an sich trägt, so finden wir vor noch nicht langer Frist in gegenseitiger Achtung und Duldung die Nationalitäten friedlich neben und unter sich einherschreiten.

Es bewegten sich der Deutsche, Italiener, Franzose, Nord- und Süd-Slave, Ungar — in stillschweigender Eintracht, die engere Verständigung erstreckte sich selbst bis in die innerste Familienbande. — Es wurde die Frage als genügend erkannt, ob dieser oder jener ein ehrlicher Mann sei, um ihn in das Heiligthum des häuslichen Herdes einzuführen, es fiel Niemanden ein, sich um die Nationalität zu kümmern.

Diese fühlte sich nicht im socialen Contact heraus, die Gesellschaft war eben an ihr noch nicht erkrankt!

Das ist nun anders geworden, seit die Volksbeglücker sich dieses Mittels als Hebel zu bedienen begannen, um ihren sonstigen Zwecken näher zu rücken, wohl wissend, daß hierdurch die Reihen ihres Heeres um die große Zahl aller jener heißblütigen Enthusiasten vermehrt werden würde, welche eben das Denken als Nebensache behandeln.

Daß eine Staatenscheidung nach Nationalitäten bei dem bestehenden Verbande derselben, dem geistigen Fortschritte und dem gegenseitigen Interesse geradezu nicht realisirbar geworden, beirrt diese Schöpfer einer neuen Weltordnung nicht im Geringsten, und wenn John Russel meint: „dieß werde sich mit der Zeit wohl von selbst applaniren," so hatte er wahrscheinlich das beglückte Irland im Auge.

Der Forscher darf sich nie erstaunt zeigen, wenn im großen Weltlaufe zeitweise sich das Absurdeste zur Geltung hinaufringt; die tiefste Betrübniß muß es aber erregen, wenn dieses Absurde zum niebrigsten Zwecke ergriffen, und als Brandfackel in die

Völker geschleudert wird, und bezeichnet wohl wieder am Schla=
gendsten den Standpunkt der Moral unseres Zeitalters im vollen
Umfange.

Das Menschengeschlecht sah schon alle Gattungen von Käm=
pfen. Die Eroberungszüge der Alten (Perser, Egypter, Römer,
Griechen), die Wanderungen der Völker, die Bekriegungen zum
Vortheile von Handelsinteressen (Phönicier, Chartager, Vene=
zianer, Genuesen), die Hauptkämpfe des Mittelalters, die Kreuz=
züge, die Religionskriege, endlich die Familienkriege (Erbfolge,
persönliche Feindschaft) und jene der politischen Interessen.

Bei allen diesen Kämpfen kam die Nationalität nicht in
direkte Frage. — Entweder war sie selbstverständlich eine einige,
oder es standen sich bunt durcheinander Kämpfer verschiedener und
gleicher Stämme gegenüber.

Mit Ausnahme des Freiheitskampfes der Griechen, die sich
nebenbei gesagt, ihrer Befreiung noch wenig verdient gemacht, —
und der Polen, welche an ihrer Unterjochung selbst die Schuld
trugen und in ihrer vereinten Nationalität, die doch materiell
kräftig genug war, durchaus keinen Schutz gegen diese traurige
Katastrophe fanden *), steht die Nationalitätsfrage nie in erster
Reihe der Motive, welche den Kampf veranlaßten.

Der neuesten Zeit war es vorbehalten, die Nationalitäten
gegen ihre rechtgewordenen Herrscher aufzuhetzen, ihnen die aber=
witzige Illusion anzulernen, daß sie die Berufung hätten, sich in
sich politisch abzuschließen, und in Verfolgung dieses Zieles dem
Umsturze alles Bestehenden freie Bahn zu brechen, denn dahin
müßten unwiderruflich die Konsequenzen dieses Dogma's führen.

Wer wird es läugnen, daß die Nationalität eine Macht
ist? — In ihr liegt der Kitt, welcher die Stämme in sich bindet
und es möglich macht, daß selbst nach tausendjährigen Wechsel=
fällen des Schicksales das Gepräge mehr oder minder unverändert
bleibt. Aber sie ist eine geistige Macht passiver Natur,
kann nie mit der Schwert bewehrten Faust, mit der brutalen

---

*) Uebrigens gehören diese beiden Kämpfe in den Bereich der Revo=
lutionen!

Gewalt, weder erobert, noch vernichtet — nur mit den Waffen der Gesittung und der Intelligenz bekämpft, bezwungen werden. Die Geschichte liefert uns den Beweis für diese Behauptung. Wir finden vielfältig geistig vorgeschrittene, materiell schwächere Volksstämme, von den rohen mächtigeren überfluthet, und diese dann von dem Besiegten successive geistig unterjocht, in dem Besiegten bis zur Spurlosigkeit aufgehen. — Wieder andere sich stillschweigend, wie in selbstverständlicher Uebereinkunft aus sich heraus vermischen, und in dieser Mengung eine neue Nationalität schaffen; endlich Nationalitäten gänzlich verschwunden und verklungen, deren einstiges Dasein kaum die Geschichte, oft nur die Mythe zu unserer Kenntniß gebracht.

Warum verschwunden, warum verklungen? — etwa weil sie mit Gewalt gebrochen, vernichtet wurden? Keineswegs! — Weil sie in sich selbst nicht den geistigen sittlichen Halt des Bestehens trugen!!

Hierin liegt die Macht der Herrschaft der Nationalität, sie erstreckt sich über jede politische Grenze, über jedes politische Verhältniß hinaus, sie ist homogèn dem Gesetze der Moral und des Rechtes, es läßt sich kein Einspruch dagegen erheben, er wäre auch erfolglos, denn diese Macht ist unbesiegbar, sie ist selbstverständlich und bedarf zur Hilfe keiner Heere, und wo man sie auf dem Wege der Gewalt erzwingen will, wird ihre ruhige naturgemäße Entwickelung — wenn solche im Keime liegen sollte, — gehemmt, statt gefördert!

IX. Die Intelligenz im Conflicte mit der Moral. (Geistige und materielle Revolution; Verfall der Staaten.)

Wir gelangen nun zur Betrachtung der wichtigsten zugleich dem Staatenbestande gefahrdrohendsten Periode im Leben der Völker.

So lange höhere Geistesentwickelung nur das Gemeingut einer geringen Zahl ist, welche theils durch Gebietsstellung, theils durch gelegentliche Begünstigung der Erziehung, endlich durch von der Natur besonders bevorzugtes Talent — hierzu gelangen, die Gesammtmasse aber in einem ziemlich gleichen niederen Niveau steht, und die materiellen Mittel sich im Gleichgewichte zum Verbrauche finden, ist das Regieren leicht.

Die Heerde folgt dem Hirten ganz unbekümmert wohin, wenn sie nur auf ihrem Wege die nöthige Weide findet, sie mag bald üppig, bald spärlich sein.

Sie sieht im treuen Schäferhunde nur den Hüther und Schützer vor dem Wolfe, und beachtet es kaum, daß er mitunter auch berufen ist, auf einen Wink des Herrn, wo es diesem Noth zu thun scheint, durch einen rechtzeitigen Rückfang die Ausschreitung eines einzelnen Uebermüthigen oder Widerspänstigen zur Rückkehr zu mahnen — zu strafen.

Anders gestaltet sich die Situation, sobald die Civilisation in's Blut des Volkes bringt, die Geistesentwickelung sich auf breitem Boden entfaltet (dagegen an Tiefe verliert).

Dieses Stadium wird von den Philosophen als der Triumph, von den Ultra-Moralisten als der Fluch des Menschengeschlechtes bezeichnet, und die Wahrheit liegt wohl — wie bei allen Extremen — mitten inne.

Damit soll gesagt sein, daß Beide bis zu einem gewissen Grade Recht haben, denn die Geschichte — jene Lehrmeisterin, bei welcher wir uns leider so selten Rath holen, und wenn wir ihn endlich fordern, nie befolgen, — lehrt uns, daß mit der gesteigerten Geistesentwicklung und Intelligenz unwiderruflich der Glaube (Religion) und damit das sittliche Element zu Grabe gehen!

Es würde vom Zwecke abführen, die Ursachen dieser Wirkung hier weiter zu erörtern, genug, daß es eine unläugbare Thatsache ist.

Ein Volk aber mit erschüttertem Glauben und gelockerten Sitten ist um so schwerer zu regieren, wenn gleichzeitig die materiellen Mittel durch Vermehrung der Bevölkerung, gesteigerten Verbrauch, Konkurrenz im Erwerbe und immer in gleicher werdender Vertheilung des Besitzes — welches Alles mit der allgemeinen Entwickelung Hand in Hand geht, — knapp zu werden beginnen, die Erlangung der Lebensbedürfnisse in allen Stufen der Bevölkerung mit Ausnahme der geringen Zahl der glücklich Bevorrechteten **erschwert** wird.

Da werden alle **unvermeidlichen** sammt den **vermeidlichen** Uebeln und Gebrechen kurzweg, von jenen begabteren, die — ob verschuldet oder unverschuldet in Mühe und Sorge um ihre tägliche Existenz ringen, den Regierenden zur Last geschoben, und die gedankenlose Menge heult es nach!

So lange es den Regierenden möglich ist, diese gefährliche Intelligenz in seinen Individuen doch zum größten Theile selbst zu verwerthen (für ihre Interessen zu binden), schleppt sich die Maschine fort, wenn sie gute Lenker hat, und dieß ist die Periode in welcher die sogenannte konstitutionelle Regierungsform **aus sich selbst heraus** in's Lebens tritt.

Können die Regierenden die sich anhäufende Intelligenz nicht mehr verbrauchen oder verstehen sie es nicht, sie zu fesseln, wächst sie ihnen über den Kopf; — haben sie nebstdem versäumt die Besitzenden soweit zufrieden zu stellen, daß denselben **jeder Wechsel** als Verlust und Nachtheil erscheinen mußte, — haben sie es nicht verstanden gleichen Schrittes mit dem **Wachsen** des täglichen Bedarfes und den **höheren Forderungen** an die Steuerpflichtigen, der **erhöhten Verwerthung** der Kräfte, — den größtmöglichsten freien Entwickelungsspielraum zu geben und so die eigenen und die unbedingt nöthigen Anforderungen des Volkes sicher zu stellen — so ist der moralische Halt des Staates gebrochen, und dieser findet sich nur mehr in der bewaffneten Macht, so lange diese unbedingt ihrer Pflicht treu bleibt.

Alle Versuche der Regierenden sowohl, als alle Bestrebungen jener Wohlmeinenden in geringer Zahl, welche vom egoistischen Standpunkte für Vorrechte und Besitz zu fürchten haben, sind dann vergeblich und führen entweder durch schroffes Anziehen der ohnehin kurzen Zügel zur rascheren Explosion, oder durch schwaches Nachgeben gegen die anstürmende Unzufriedenheit zum immer tieferen Unterwühlen der schon wankenden Stützen, bis irgend ein Anstoß das Gebäude in Trümmern wirft, über welche hin die Lavine der Zerstörung verheerend rollt.

Solche Krisen zu vermeiden, ihr Eintreten wenigstens so lange wie möglich fern zu halten, in unbestimmte Zukunft zu schieben, schafft die Natur in ihrer wohlwollenden Fürsorge von Zeit zu Zeit höher begabte Männer, welche in **richtiger Auffassung des Standpunktes**, in gehöriger Würdigung des Zustandes mit kräftiger Faust, scharfen Blickes, durch rasches entschiedenes Handeln das drohende Verhängniß auf längere oder kürzere Frist beherrschen; — gänzlich abzuwenden vermag es keine Macht der Erde, da es eben im Naturgesetze begründet ist, das alles Irdische, folglich auch Staaten und Völker — vergänglich, und das Zeitenrad rollt unempfindlich in seinem vorgezeichneten Laufe zermalmend über die Generationen hinweg. — Auf einen kurzen Traum von Freiheit folgt wieder die Sklavenkette des Despoten, oder die zuchtlose anarchische Herrschaft des Pöbels, oder die Unterjochung durch Ueberfluthen eines nach den Genüssen der Civilisation lüsternen Vandalenstammes, und der durch Jahrhunderte mühsam geschaffenen Comfort des Geistes und Körpers wird in blutgetränkten Koth getreten.

Der Mensch, unermüdet wie die Ameise, deren emsiges Werk der unbedachte Fußtritt eines Kindes zerstört, beginnt den kühnen Bau vom Neuen, um wieder an denselben Ausgangspunkt zu gelangen, denn die Grenze für menschliche Vollkommenheit ist der Menschennatur **unwiderruflich gezogen!**

X. Oesterreichs Lebensfähigkeit.

Wir haben versucht eine möglichst wahrgetreue Darlegung der politischen Stellung Oesterreich's vor dem Neujahrsgruße 1859 — den weiterem Verlaufe der Ereignisse, — endlich der Gruppirung der Mächte nach dem Friedensschlusse von Villafranca zu geben; ließen hierauf eine kurze kritische Beleuchtung der Kriegsereignisse folgen, knüpften daran die Betrachtungen über den dermaligen Stand der Religion und Moral über Freiheit — Regierungsform, über den Mißbrauch, welcher mit dem Gefühle der Nationalität getrieben wird; endlich über den Einfluß einer gesteigerten Intelligenz — und was an selbe sich unvermeidlich knüpft, — auf Regierende und Regierte; der hieraus entspringenden Nothwendigkeit von Anschmiegung im Wesen des Regierens nach dem Bedürfnisse der Zeit, um das Ende alles Menschlichen: „den Verfall" in möglichst ferne Zukunft zu schieben.

Wir gelangen nun zu den Folgerungen, indem wir die Frage stellen:

„**Was kann Oesterreich bei solchem Stand der Dinge „und diesen Verhältnissen thun, um seine Wunden zu „heilen?**"

Ehe aber auf selbe einzugehen, ist eine Vorfrage zu beantworten:

„**Trägt Oesterreich auch die Elemente einer Zu„kunft in sich?**"

Die Erörterung dieser Frage erscheint um so nothwendiger, als besonders in jüngster Zeit hämische Stimmen, die sich dem Dünkel hingeben, das politische Gras wachsen zu hören, sich hier und da vernehmen ließen: „**Oesterreich gehe nach der Natur „seiner Zusammensetzung unwiderbringlich der Auf„lösung entgegen!**"

Der österreichische Kaiserstaat ist ein Conglomerat von Volksstämmen und Ländern, wie mehr oder weniger jeder Staat es nur sein kann.

Spanien hat seine Mauren vertilgt und verjagt, seine Catalonier, Arragonier ꝛc. unter Einen Szepter gebracht.

Frankreich machte die Normandie, Burgund, Navarra zu französischen Provinzen und zwang die Lothringer und Elsasser zu Franzosen.

England unterjochte Schottland und Irland; die Beglückung des letztern füllt die blutigsten Blätter seiner Geschichte.

Was Rußland und Preußen in sich aufgehen machten oder um uns eines modernen Ausdruckes zu bedienen, „**annexirten**" — hat schon die letzte und jetzige Generation geschaut.

Auf ähnliche Weise ist das österreichische Kaiserreich entstanden.

Hätte statt Rudolf von Habsburg, Ottokar gesiegt, so läge der Schwerpunkt des Staates wahrscheinlich in Prag, und die

4*

verschiedenen Nationalitäten der in Oesterreichs Kronenschmuck vereinten Volksstämme würden sich gegen das böhmische Axiom aufbäumen, wie jetzt gegen das germanische. Wer die Macht hat, hat das Recht. Dieser Spruch ist zwar nicht rein moralisch, aber er ist wahr, und hat Geltung, so lange die Welt steht.

Der Trugspruch Englands betreffs der Italiener, ihnen in Form und Haupt der Regierung freie Wahl einräumen zu müssen, kann nur einen Dummkopf irreführen; er würde in seinen unvermeidlichen Konsequenzen und der Tragweite für alle Völker der Erde die Rebellion zur Volkstugend erheben und jeden Staatenbestand in Frage stellen.

Schon regen sich die Symptome, daß man zu dem Bewußtsein gelangt ist, was für ein unberechenbarer Mißgriff begangen worden, um des Genusses einer augenblicklichen Demüthigung Oesterreichs und anderer ferner liegenden, darum nicht weniger greifbaren egoistischen Nebengelüste willen, Piemont freies Spiel gelassen, es wie Frankreich thatsächlich unterstützt, — wie England, Rußland, Preußen, mit dem nicht minder gewichtigen Hebel passiven Zugeständnisses aufgemuntert zu haben.

Das neue Programm in Bezug des heiligen Vaters, welches wie zufällig aus der Mappe gefallen, zwar bis nun noch nicht den kaiserlichen Stempel trägt — (ein kluger Seemann wirft erst das Senkblei, ehe er den Kiel in eine unbefahrne Fluth steuert) — dieses Programm, in Paris geboren, wo die Presse dermalen systematischer geknechtet ist, als sie es je irgend wo war, — und welches die kolossalste Unverschämtheit an der Stirne trägt, hat selbst die nicht katholischen Mächte stutzig gemacht. — Der Congreß, von dem man so Vieles hofft, und von dem wir leider so einfältig sind, nie etwas erwartet zu haben, ist vorläufig verschoben.

Wenn er auch zu Stande kommt, er wird Italien — er wird Europa keine Ruhe schaffen.

Umsonst sprach Napoleon zu Villa franca sein: „Bis hierher und nicht weiter!". Er ist klüger als seine gefälligen Nachbarn, und möchte seinem Ausspruche, welcher den Italienern das Recht einräumte, ihren Landesherrn selbst zu wählen, nur so weit Geltung lassen, als es eben in seinen Plan paßte.

Ob Annexion der Mittelstaaten Italiens an Piemont, ob nicht; — ob thatsächliche Verstümmelung der weltlichen Macht des Papstes, ob sonst ein Zwitter, unreif geboren, unfähig zu leben; — was immer für eine Ausfluchtsform adoptirt oder octroirt in nächster Zukunft zu Tage tritt; der Aufruhr der Italiener ist einmal heilig gesprochen, der projektirte Staatenbund ist ein politischer Unsinn, Venedig kann für Oesterreich unter diesen gegebenen Verhältnissen nicht erhalten werden, Neapel folgt in kürzester Frist dem Impulse und Drucke von oben, mit italienischen Truppen kann man keine italienische Revolution meistern, Italien war nie einig, wird nie einig! — Italien geht so seinem Ruine entgegen!

Was solche Katastrophe für einen Rückschlag auf die anderen Völker Europa's ausüben müßte, braucht wohl keine Darlegung.

Wir sind weit entfernt, der bisherigen Regierungsweise in Oesterreich unbedingt das Wort zu reden, aber es ist eine Thatsache, daß in keinem Theile Italiens die Bewohner mit solcher Vorsorge, Rücksicht, ja parteiischer Beachtung behandelt wurden, als die Lombarden und Venezianer. — Mit Recht fühlt Ungarn sich gekränkt, denn die Ereignisse der Jahre 1848—49 waren in Ungarn die Folge einer Verblendung und Ueberrumpelung, bei den Italienern ein prämeditirter Verrath!

Weder Frankreich, noch das von Freiheitsphrasen immer schwangere England, noch sonst ein Staat hat je für einen fremden Stamm, nicht selten auf Kosten des eigenen, solche Opfer gebracht, wie das österreichische Regentenhaus für sein Italien. — Es schmeichelte sich in seinem falschen Kalcül mit hochherziger Milde den Widerwillen gegen den deutschen Herrn zu entwaffnen.

Man nahm diese Milde für das Bewußtsein des Unrechts und der Schwäche, der redliche Wille wurde mit Hohn und Verrath gelohnt, und das edle, deutsche Blut düngte abermals wie schon zu oft, den Boden der perfiden Lateiner.

Hoffentlich ist die Rechnung noch nicht geschlossen, Provinzen gehen verloren und werden wieder erobert, Oesterreich war schon tiefer gebeugt und hat seine festen Knochen und straffen Sehnen wieder zur vollen Manneshöhe emporgeschnellt.

Der magyarische Stamm mit den Sondergelüsten auf seine

längst morsch gewordene Constitution muß, wenn nicht ganz geblendet, doch endlich begreifen lernen, daß er den anderen Volksstämmen Europa's, welche eine politische Macht vertreten, numerisch oder intellektuel (oder beides zugleich) zu weit nachstehe, um je eine dauernde Selbstständigkeit zu erringen. — Sein Anschluß kann daher naturgemäß und fruchtversprechend nur an Oesterreich sein, denn im Osten ist die Luft zu trocken, kalt und scharf, um träumerische Wolkengebilde zu begünstigen.

Von der Verblendung, die anderen Volksstämme, welche das ehemalige Königreich Ungarn bewohnen, zu magyarisiren, dürfte das Jahr 1848 geheilt haben, auch sind wir so frei, für selbe das gleiche Recht, deren Nationalität zu achten, in Anspruch zu nehmen, wie es der Magyar so energisch für sich verlangt.

Der Croate, der Serbe haben nicht im Entferntesten Lust Magyar zu werden, sie denken sich allenfalls ein großes Slavenreich, aber die Rolle, welche in einem solchen dem Ungar zugedacht wäre, wollen wir diesem wahrhaftig nicht wünschen.

Ein großes, unabhängiges Slavenreich aber ist außerhalb Rußland, und als Rußlands Nachbar, bei jetziger Staatengruppirung ein Traum, und daß der Südslave einen sehnsüchtigen Blick dahin werfen sollte, wo zeitweise jene von Gold glänzenden Kirchengewänder herkamen, um den Gläubigen in's Gedächtniß zu rufen, daß der russische Czar zugleich das Oberhaupt der griechischen Kirche sei, — dazu halten wir die Südslaven schon zu politisch reif, als Weltbürger; solche Zumuthung kann allenfalls einem Danilo oder Milosch unterstellt werden.

Böhmen, von deutscher Zunge umgrenzt, wird mit Bewahrung seiner Nationalität, — auch ferner sich deutscher Gesittung erschließen.

Die deutschen Lande neigen zu ihrem natürlichen Schwerpunkte und wenn sie die Säulen des Reiches genannt werden, dienen diese zugleich als Verbindungs-Portikus in jene Gauen, welche die große germanische Familie bevölkern.

Oesterreich hat also seine politische Zukunft gesichert, trotz der empfindlichen Verluste, die es — zum Theil aus eigener Schuld — erlitten; der dermalige Zustand bürgt keine Dauer und jene Mächte, die Oesterreichs Verstümmlung zuließen, begünstigten oder direkte bewirkten, werden im eigenen Interesse gezwungen sein, zur Genugthuung die Hand zu bieten. Endlich gibt's noch einen alten französischen Spruch, der wahren ritterlichen Sinn noch nie zu Schanden werden ließ: „Aide toi, et Dieu t'aidera!"

XI. Oesterreich nach Außen und Innen.

Nach Beantwortung der Vorfrage gehen wir zur Hauptfrage über.

Um eine Wunde zu heilen, bedarf es erst der Sonde! Die Hand, welche sie führt, soll die Tiefe nicht scheuen, aber mit Vorsicht zu Werke gehen, sonst wird der Nerv gereizt und das Uebel schlimmer.

Wir wollen nicht verhehlen, daß es unseres ganzen Muthes bedarf, um Alles zu sagen, was wir für nothwendig halten; nicht als ob wir die Wahrheit auszusprechen scheueten, sondern weil die Last der zu stellenden Anforderungen — gegenüber der Situation fast zu Boden drückend ist.

Oesterreich hat nicht nur mit veralteten Mängeln zu brechen, sondern auch mit neu geschaffenen. Dazu die politische Isolirung, der verunglückte Feldzug, die Finanzlage, ein entmuthigender Rückblick auf ein fast verlorenes Decennium, und — ein erschüttertes Vertrauen.

Fassen wir zuerst die Stellung nach Außen ins Auge.

Wie schon erwähnt, erscheint uns diese isolirt, denn die Allianz Napoleon's gibt wenig Bürgschaft, wenn in Erwägung genommen wird, daß dessen Lächeln oder Grollen an dem Bedürfnisse des Augenblicks hängt.

Wir wollen jedoch offen gestehen, daß diese dermalige Isolirung uns weniger Kummer macht; denn Oesterreich ist dadurch um so freier nach allen Richtungen und die politische Lage ist so geschraubt, daß sie nicht von Dauer sein kann.

Wer weiß, was der kommende Tag bringt, welche Kombinationen sich gestalten, welche Hand plötzlich geboten wird, sei's auch nur zum temporären Bunde, um irgend einen scharfen Hieb zu führen, der dem gordischen Knoten zur Lösung hilft.

Es wäre eine plumpe Anmaßung, eine Meinung zu hegen oder gar auszusprechen; es fühlt sich nur heraus: „daß es so nicht bleiben kann!"

Oesterreich möge also mit offenen Augen und so gewaffneter Faust, als es nur die unumgänglich nöthigen Ersparungen gestalten, — zuwarten; dann aber, wenn der günstige Augenblick gekommen, weniger dem unfruchtbaren Grundsatze folgen, es Allen recht machen zu wollen, — als sich selbst, dem Interesse des Staates gerecht zu werden.

Oesterreich hat seine im Jahre 1854 übernommene gewiß hochherzig gemeinte Rolle zwischen West und Ost theuer bezahlt. Wie es für seine edelmüthige Mäßigung belohnt wurde, hat das Jahr 1859 gelehrt.

Oesterreich wird eine so undankbare Arbeit ein zweites Mal sich nicht auflasten.

Verhängnißvoller ist der Blick nach Innen, und wird es um so mehr, als eingestanden werden muß, daß die vom politischen Standpunkte mit so entschiedener Bejahung beantwortete Vorfrage sich daran bedingt, daß Oesterreich mit seinem Haushalte in's Reine gelange!

Erlauben wir uns von den vorausgeschickten allgemeinen Betrachtungen eine kurze specielle Rundschau in Betreff Oesterreich's, so finden wir folgende Elemente:

Die Religion und an sie geknüpft die Moral, kann wohl vielfältig gelockert, erschüttert, bequem gemacht erkannt werden, wie es der Geist des Jahrhunderts unwiderruflich erzeugt hat, aber im großen Ganzen ist das Volk gläubig und nicht entsittet.

Die Nationalitäts-Frage bedarf dagegen um so vorsichtigere Erwägung, als sie sich durch den mit ihr getriebenen Mißbrauch auf eine gänzlich falsche Grundbasis gestellt hat. — Vorzüglich ist's der Ungar — (und kaum minder der Kroate, nur wird er weniger laut) der daran die Regierungsform knüpfen zu müssen glaubte, ja neuestens sogar die religiöse Frage, von der

Regierung doch gewiß in wohlwollendster und freisinnigster Weise gelöst — auf dasselbe Feld zu zerren bemüht war.

Die Nationalität bedingt aber keine Regierungsform, sondern muß in selber nur ihren richtig angewiesenen Platz, ihre Würdigung und Rücksicht finden.

Als Kaiser Franz Josef nach den geebneten Wegen der Jahre 1848/49 die Constitution aufhob, beging er einen Akt ehrlicher und an einem Regenten hochzuachtender Offenheit, denn diese Constitution hätte nie eine Wahrheit werden können, eben in Bezug der Nationalitäten der Völker Oesterreich's, ihrer verschiedenen Bildungsstufe, ihrer divergirenden Sitten, Gebräuche, selbst Interessen.

Wir wollen darum nicht sagen, daß der eingeschlagene Weg ein guter war, sonst wären diese Zeilen besser ungeschrieben geblieben; — doch die Zeit drängt, die Gefahr steht an der Pforte, was nützt es da mit alten Sünden rechten. Nicht rückwärts, vorwärts muß das Auge gewandt sein.

Wir verdammen jedes Zugeständniß, welches der Form mehr einräumt, als unumgänglich für den Begriff nöthig ist. Daher soll weder das Wort: „Absolut" noch: „Constitutionell" genannt werden.

Wir wollen aber auf die Basis des Vorausgeschickten die Sachlage prüfen, die Hauptmängel und Gebrechen an's Licht stellen und unsere Schlüsse ziehen.

Der Abschluß des Concordat's machte Oesterreich im Innern und nach Außen viele Feinde. — Der Protestantismus, viel unduldsamer, eifersüchtiger, und mißtrauischer, als er es je gestehen will, erhob seine Stimme über erneuertes Bestreben nach Verfinsterung.

Es wäre traurig, wenn der geflügelte Zeitgeist im Gefolge seiner unzähligen Geistes-Epidemien nicht wenigstens auch einiges Gute — darunter die Toleranz gebracht hätte.

Folge jeder dem Glauben, in dem er geboren wurde. — Grund und Halt für die wahre Moral findet sich beim Brahminen, Mohamed, Moses — wie in Christi Lehre.

Oesterreich ist aber ein spezifisch katholischer Staat, warum soll ihm das Recht eines engeren Anschlusses an das katholische Kirchenoberhaupt benommen sein?

Um aber die religiöse Frage auf ihrem wahren Boden zu isoliren und von jeder anderen Beziehung auszuschließen, wäre es angemessen gewesen, gleichzeitig mit dem Abschlusse des Concordates die unbedingte freie Bewegung aller accatholischen Culten auszusprechen.

Dieses ist jetzt mit den Protestanten im Werke, und wir glauben nicht zu irren, es für die Juden erwarten zu dürfen.

Gelegentlich der Erörterungen über Gemeinde-Verfassung hat sich in der etwas freieren Bewegung der Presse eine Polemik gegen den Adel geregt. — Das Bürgerthum, der Landbewohner sind mißtrauisch und besorgen eine Zukunftsmacht.

Unserer Ueberzeugung nach können zwei Männer nicht drei Tage auf einer wüsten Insel allein leben, ohne daß nach Verlauf dieser gewiß kurzen Frist Einer den andern überragt (beherrscht).

Eine dauernde Gleichstellung der Menschen, ihrer Verhältnisse, Mittel, Kräfte — ist eine Absurdität. Die Stämme der Wilden haben ihre Aristokratie der Kraft oder der gereiften Erfahrung. — Die in Europa geltende Aristokratie der Geburt stützt sich auf das Verdienst, nach den je bestandenen Zeitbegriffen erworben.

Oder wünscht man eine Aristokratie des Geldes, besser gesagt: mit Zahlen und Stempel bedruckter, zu Papier verarbeiteter Lumpen? oder hofft man eine Aristokratie des Geistes zu verwirklichen? und gesetzt, diese wäre erreichbar, gibt man sich der Lafontaine'schen Illusion hin, diese Geistesaristokratie menschlicher Wesen würde nicht auch nach Titeln und Orden greifen, und Bevorzugung als Recht ansprechen? — Dieses wäre wohl die gefährlichste Aristokratie, denn logisch richtig fände sie die Vertreter nur in ihrer Mitte, und außer ihr nur die ohnmächtigen Pariahs des Verstandes, und jede Diskussion wäre auf die Faust beschränkt.

Oder will man endlich, daß der Adel mit dem Individuum, das ihn verdient, stirbt! — Eine Eintagsfliege, die sich im warmen Mittag gemüthlich sonnt, und mit der Dämmerung auf immer erlischt, um für den kommenden Morgen einer neuen Fliege Platz zu machen?!

Sind wir noch nicht Egoisten genug, daß wir auch in dieser

Richtung alle Spannkraft auf das Individuum koncentriren sollten? — Nun dann, lebe wohl, letzter Funke edlerer Natur in der Menschenbrust, — Streben, Opferung, Liebe für die Familie, für die Ehre, den Ruhm, und was daran sich Hochherziges knüpft! — Das Thier wird geboren, lebt, frißt, stirbt und wird verscharrt.

Hat der Geburtsadel seine Geltung, muß man ihm auch eine Stellung geben. — Diese muß gegenüber und in der Gliederung der verschiedenen Stufen der Staatsmaschine eine seinem Bildungsgrade und sonstigen Verhältnissen angemessene sein.

Der Bauer darf nicht vom Gutsherrn geknechtet, beherrscht werden, aber der Gutsherr doch auch nicht vom Bauer!

Eine weise Einigung, und wo es wieder Noth thut, Sonderung beim Entwurfe der Gemeinde-Ordnung, wird daher zur Nothwendigkeit — soll für die Folge Conflikten vorgebeugt werden, die nur nachtheilig auf das Ganze drücken. — Es ist Angelegenheit der Regierung, dem Adel seine richtige Stellung anzuweisen, unbeirrt der anderen Stände, dann wird er seinem Berufe entsprechen und, im Volke wurzelnd, die Stütze des Thrones bilden.

Begünstigung (Protection) ist allerdings ein böses Ding, — nach unserer Meinung nie ganz zu beseitigen, denn es ist in der Menschennatur begründet, jenen den Vorzug einzuräumen, welche durch Familienbande, Geburt, Freundschaft, uns näher gestellt sind.

Wer immer daher mächtig genug ist, eine Gunst zu ertheilen, wird sie gewiß solchen zuwenden, sei's jetzt ein Adeliger, ein Beamter, oder wer immer!

Dieser nie ganz zu beseitigenden Gunstertheilung eine Grenze zu. setzen, soll die Befähigung zur unabänderlichen Bedingniß gemacht werden.

Hat die öffentliche Stimme Geltung, so ist die Unfähigkeit nicht haltbar.

Auch hier müssen wir wieder auf unseren erklärten Feind England hinweisen.

Ihre jüngeren Söhne dienen in der Flotte, in der Robe, und die Offizierscharge ist (nebenbei gesagt, höchst unangemessen,) ausschließlich ihnen vorbehalten.

Aber der junge Lord erreicht wenig oder nichts durch seine bevorzugte Stellung allein, — er klettert schon im Knabenalter als Midshipman die Raaen der Masten hinan, zieht seine Hand nicht ekel vor der Faust des derben Matrosen zurück, die Sprossen der höchsten Familien versäumen nicht, durch die sorgfältigste Erziehung für ihre parlamentarischen Erstlingskämpfe im Unterhause sich vorzubereiten, und durch die stürmischen und klippenbergenden Wege desselben reifer geworden, in die ruhigeren Wasser des Oberhauses einzulaufen.

England's Macht liegt zum großen Theile in der richtigen Stellung seiner Aristokratie.

Das Princip der Centralisation umzog das Reich mit einem Heere von Beamten, gleich einem Netze mit den Hauptfäden nach Wien gezogen. Eine Maschinerie von lebenden denkenden Wesen wie die Welt noch nicht gesehen.

Keiner fast, jedenfalls Wenige der Vielen, unter denen gewiß **eine große Zahl** würdiger und tüchtiger Männer sich befindet, konnte viel zum Guten wirken, denn um das Gelenk der rechten Hand, die am Arbeitstische die Feder führt, ist eben jener Faden geknüpft, der nach Wien reicht.

Aber um zu schaden, durch Unfähigkeit, mißgünstige Stimmung, Lauheit, Feigheit in Pflichterfüllung fand Mancher schon Spielraum genug.

Zu diesem Mißstand gesellt sich das Hauptgebrechen, welches von längst her in Oesterreich lastet: „**um der Form willen, wird das Wesen übersehen!**"

Werfen wir einen Blick tiefer:

Es gibt eine große Anzahl Beamter aller Grade, welche in der sogenannten Erledigung ihrer Stücke, die ganze abgeschlossene Aufgabe ihres Berufes sehen.

Das: „table nette" machen des Bureautisches gibt einen gewichtigen Vorschub in der Conduite. — Ob der Gegenstand erschöpft, wirklich in vollem Geiste der Gesetze behandelt, nicht vielleicht nur fortgezogen um ihn dermalen wegzuschaffen, und er darum verurtheilt ist noch einige Erledigungsstadien durchzulaufen, kann bei dem Wuste von Geschäften von den höher Gestellten kaum immer beurtheilt werden.

Die Schreibsucht ist zu einem solchen Gipfelpunkte gewachsen, daß selbst der fleißige und befähigte Beamte kaum seiner Aufgabe Herr werden kann. Dieser Federfluch tritt am Nachtheiligsten bei jener Beamten=Kathegorie hervor, welche berufen wäre, thatsächlich, im Detail so zu sagen — zu regieren!

Die Kreis= und Bezirksämter, endlich die Organe der höhern Landesstellen sollten nach unserer beschränkten Meinung drei Viertheile des Jahres in ihren betreffenden Bezirks=Kreis=Landes=Strichen zu finden sein. Da hören und sehen, dort helfen, trösten, belehren, bis zu gewisser Machtvollkommenheit rügen, strafen!

Sollen sie das nöthige Ansehen genießen muß ihre Wirkungssphäre erweitert sein. Dieß ist aber nicht oder in viel zu geringem Maße der Fall, und das Schreibgeschäft fesselt sie derart an die Amtsstube, daß sie mit Grauen sogenannten auswärtigen Commissionen entgegen sehen, denn da bleiben die periodischen Eingaben oder dergl. liegen, und es ist vorbei mit dem guten Rufe.

Und sonderbar — diese Schreibwuth ist so eingewurzelt, daß — in deren Erkennung — jeder Versuch beinahe, der bis nun zur Vereinfachung angebahnt wurde, — die Schreiberei noch vermehrt hat.

Ein weiteres störendes Element ist die Masse der Vorschriften, Verordnungen, Erlässe — von denen vielfältig eine die andere ergänzt, — modifizirt, aufhebt, schnurstracks das Entgegengesetzte bestimmt.

Es gehört ein seltenes Gedächtniß dazu all' das im Kopfe zu behalten, und man hat sich bei dem Bedürfniß darnach zum rascheren Geschäftsbetriebe — gewöhnt, ein derlei lebendes Register für das Nonplusultra der Befähigung anzusehen.

Es ist aber psychologisch erwiesen, daß ein gutes Gedächtniß allerdings eine gute Beigabe, aber keineswegs — höchst ausnahmsweise — eine höhere geistige Begabung verbürgt. — So mancher tüchtige Kopf und scharfer Denker wurde schon einem solchen genialen Dunkelmanne zum Opfer gebracht.

Erwägt man hierzu noch die Scheu eines niederiger Gestellten,

einen eigenen Gedanken laut werden zu lassen, auf die Gefahr
hin, dafür von einem Höheren schief angesehen zu werden, oder
der eigenen bescheiden geflüsterten Idee unter anderer Autorschaft —
oder gar anders aufgefaßt und verstümmelt wieder zu begegnen,
oder endlich für immer als exaltirter unruhiger Kopf bei Seite
gesetzt zu werden, so darf es nicht wundern, daß die Form das
Wesen erstickt.

Ein Gleiches gilt, — nur mit verändertem Resultate in der
Armee.

Wir haben schon früher angedeutet, daß seit dem Jahre
1849 wahrhaft Großartiges in allen Zweigen, die bewaffnete
Macht betreffend — geschehen ist. Der unglückliche Feldzug in
Italien scheint diese Behauptung Lügen zu strafen, aber es ist
doch so.

Die Würfel auf dem Schlachtfelde fallen nach anderen Ge-
setzen, als der schwache Menschenverstand ausklügeln kann, und
wenn wir gleich mit gewiß rücksichtsloser Offenheit in der kritischen
Beleuchtung der Kriegsereignisse die begangenen Fehler hervor-
hoben, sind wir darum durchaus nicht der Ueberzeugung daß bei
der Vermeidung derselben Oesterreich's Heer unbedingt gesiegt
hätte.

Wir scheuen nicht, trotz der sprudelnden Geistesemanzipation
der Jetztzeit, uns bemüthig zu dem Glauben zu bekennen, daß
man einer gewisser unbekannten Macht auch einen kleinen Spielraum einräumen müsse, und wer je im Getümmel des Kampfes,
sei's der Schlacht, wo Hunderttausende sich gegenüber stehen —
sei's in Kleinen, so zu sagen in sich abgerundeten Kampfesepisoden
sich mit klarem ruhigem Auge mitten inne selbstthätig umgetum-
melt, und gesehen, an welch' unbedeutenden, ganz außer aller Berechnung liegenden, an sich selbst unwichtigen Dingen oft die Er-
folge hängen, wird mit stummer Zustimmung uns die Hand entgegen strecken.

Die Ursache des verunglückten Feldzuges ist daher durchaus
nicht in einer mangelhaften Organisation der Armee zu suchen,
obwohl noch Vieles zu ändern und zu bessern ist. — Eben so
wenig der mangelhaften Adjustirung der überlasteten Rüstung
wegen, wenn gleich mit Freude die Stunde begrüßt werden muß,

die den Soldaten von Allem befreiet, was nicht nothwendig, zweckentsprechend ist.

Man erinnere sich nur, wie unsere Grenadiere in den höchst beschwerlichen Bärenmützen rauften, wie der englische Soldat in seiner wahrhaft lächerlich unzweckmäßigen Bekleidung kämpft, man erwäge endlich, daß die österreichischen Truppen in allen Gefechten und Schlachten thatsächlich erwiesen, was immer Piemontesen und Franzosen schwatzen und schmieren wollen, — in bedeutender Minderzahl waren, und **nie** so geschlagen wurden, daß der **überlegene** Feind nur den Versuch der Verfolgung gewagt hätte.

Wir sind sogar der festen Ueberzeugung, daß Napoleon bei Magenta und Solferino über den Sieg mehr überrascht war, als er je eingestehen wird, und er wird auch am Besten wissen, warum er so rasch den Frieden bot.

Auch was die Manöverirfähigkeit der Armee betrifft, so sind die dermalen bestehenden Anordnungen hierzu (allerdings noch zu= gestandene **Vereinfachung** und **Ausscheidung** manches Ueber= flüssigen) **vortrefflich**. — Wessen Schuld ist es, wenn sie nicht im **Geiste** aufgefaßt werden? Wenn beim Aufmärsche einer Brigade in entwickelte Gefechtslinie mit ängstlicher Vornahme der Flügelchargen die **mathematisch gerade** Linie gesucht wird, während diese Hilfe nur zur Einübung angeordnet ist. — Wenn bei Formation eines Quarrée's so lange um dasselbe mit Fluchen und Wettern herumgejagt wird, bis jede Nummer auf dem Platze steht, der ihr im Plane zur Verdeutlichung des Bildes vorgezeichnet. — Wenn bei Formirung einer Plänklerkette der Offizier diese abschreiten muß, um **die Schritte zu zählen**, die Mann von Mann von einander stehen; ob Unterstützungen und Reserven sich aufgestellt, wie das Reglement **zur richtigen Aufstellung der Grundidee** anordnete?

Doch genug, wir schreiben nicht nur für Soldaten, glauben aber auch Nicht=Fachmännern faßlich gemacht zu haben, daß auch hier die Form für das Wesen genommen wird.

Wie weit dieser Mißgriff hier und da noch aufwärts greift, gehört nicht hierher.

Richtige und sorgfältige Wahl jener Männer, welche im Frieden berufen sind, die Heranbildung des Heeres für den Krieg in größeren Körpern zu überwachen, freiere Bewegung im Bereiche jeder Chargenstufe kann allein dieses Uebel bannen.

Es wurde längst erkannt, daß, ohne darum ungerecht zu werden, nicht jeder sonst recht tüchtige Hauptmann Eignung zum Stabsoffiziere hat.

Dasselbe, ja in viel höherem Maße gilt von der Charge des Generals. — Der General, welcher nicht Gelegenheit hatte in den verschiedenen Chargenstufen Leiden und Lust, Leben und Wesen des Soldaten, dessen Bedürfnisse, Denkweise kennen zu lernen, wird immer ein schwacher Truppenführer sein. — Der General, welcher bei jedem Anlasse als pedantischer Formhetzer auftritt, beim Erscheinen eines Höheren den Kopf verliert, für seine Evolutionen gerne die flache baum- und grabenlose Ebene sucht, — wird bei aller persönlicher Bravour an jedem Siege höchst unschuldig sein.

Das sind allenfalls die Anhaltspunkte, um auch im Frieden über einen Mann sich ein Urtheil erlauben zu dürfen.

Im Durchschnitte ist das halbe Hundert an Jahren der Gipfelpunkt physischer und geistiger Kraft. Bei Vielen tritt dieses Culminiren früher ein, bei Anderen später.

Die Erfahrung ist eine militärische Tugend, die dem höheren Führer nicht fehlen darf.

Erfahrung ist aber das Produkt praktischer Dienstes-Routine, immer regen Beobachtungsgeistes und Reife des Alters. — Erfahrung wird nicht einmal durch das Genie ersetzt. Sie allein gebärt, mit kühner Thatkraft gepaart, jenen Muth, jene Sicherheit des Handelns, jenen Scharfblick für die richtige Wahl des Entschlusses und jähe Beharrlichkeit in der Ausführung, die den Sieg an die Fahnen braver Truppen fesselt.

Seltene Ausnahmen, von besonderer Befähigung, einer stürmischen thatenreifen Jugend und bevorzugter Stellung begünstiget, — beweisen eben nur die Regel!

Mit keinem Kapitale sollte ein Staat haushälterischer zu Werke gehen, da eben solche Männer — fast gegen das Naturgesetz — sich seltener finden; denn die Anforderungen sind doppelt; der Geist allein sinkt zur todten Kraft, wenn ihm nicht auch ein noch vollkommen rüstiger Körper, elastische Nerven-schwingung, helfend zu Gebote stehen.

Schreiten wir von diesem Lanzenbrechen für das Wesen gegen die Form, zu einem neuen Gebrechen, welches sich jedoch in naturgemäßen Wechselwirkungen an das besprochene anschließt, ja vielfältig aus ihm geboren wird.

Es ist die Halbheit!

Wie oft schon sind in allen Zweigen gesunde, lebenskräftige höchst zweckmäßige Anordnungen zu Tage gelangt. Bis sie jedoch zur praktischen Verwirklichung gekommen, finden wir sie aus tausend Nebenrücksichten und Ursachen kaum erkennbar.

Da zwackt der Eine, dort ein Anderer, immer in der besten Absicht, und endlich ist der ursprüngliche Gedanke kaum mehr zu erkennen, das eigentliche, wohlwollend und weise ange-strebte Ziel nicht mehr zu erreichen.

Diese Halbheit geht aus dem redlichen Bestreben hervor, allen, selbst den kleinsten erwachsenden oder unvermeidlich an die Maßregel geklebten Nachtheilen und Mängeln zu begegnen. Es ist aber längst erwiesen, daß wir so Vollkommenes nie wirk-lich schaffen können, und so geschieht es, daß von der Mittel-mäßigkeit aus kleinlicher Rücksicht dem gewollten Guten die Spitze abgebrochen wird.

Halbheit ist aber der größte Fluch für Alles.

Das Nichts ist sogar besser, denn es läßt noch die Hoff-nung leben. Halbheit tödtet diese und bringt die Entmuthigung.

Und doch bedarf jeder Gedanke der Begrenzung in seiner Wechselwirkung zum großen Ganzen.

Wir leugnen daher nicht, daß es keine geringe Anforderung ist, für jeden Gedanken, jede Maßregel die Grenze festzu-setzen, bis zu welcher die wohlthuende nothwendige Beschrän-kung reichen soll, wo die nachtheilig wirkende Halbheit beginnt, und sind der Meinung, daß selbe auf rein theoretischem Wege (a priori) selten oder nie erreichbar ist.

Die Kontrolle wird in Oesterreich nach unseren Begriffen viel zu sehr in's Kleinliche, und was die Hauptsache, doch größ-tentheils erfolglos geführt. Ja in vielen Fällen sinkt sie wieder zur reinen Form herab. Dabei kostet sie mehr, als sie einbringt, hemmt den Geschäftsgang, und gibt ein weites Feld für die Schreiberei.

Mehr Vertrauen, dagegen strengere fest präcisirte Strafen gegen wirkliche Veruntreuung, schiene uns erfprießlicher und würde die Administration in allen Fällen viel vereinfachen.

Was „Strafe" betrifft, müssen wir uns entschieden und zwar im Interesse wahrer Humanität gegen das System zu großer Milderung aussprechen. Die philantropischen Ideen der Neuzeit haben schon so weit geführt, daß wir nur mehr einen Schritt zu thun brauchen, um zu Gunsten der Uebertreter der Gesetze, der großen Masse, welche ruhig ihren Weg geht, die Existenz zu gefährden. Dies gilt besonders von politischen Vergehen und Verbrechen.

Die Alternative zwischen dem möglichen Gelingen oder Mißlingen soll so groß sein, daß sie zurückschreckt.

Früher schlug man dem Empörer kurzweg den Kopf ab. Jetzt jagt eine Amnestie die andere, und alle Jene, welche Nichts zu verlieren haben, werden förmlich zum Versuche eingeladen, denn — was wagen sie?

Verschärfte Gesetze für die wirkliche erwiesene That thuen der Jetztzeit Noth, soll nicht der loyale Bürger mit dem Verluste des Vertrauens in den Schutz der Regierung, eingeschüchtert, die Existenz des Staates selbst auf die Spitze gestellt werden.

Sehen wir einmal, wie jede Usurpation gleich ihre Formeln stellt.

Es sei ferne von uns, zu solcher Nachahmung aufzufordern, aber es gibt einen gerechten Mittelweg.

Mit dieser Anregung soll durchaus keine directe Besorgniß für Oesterreich angedeutet werden, aber sie gehört mit in den Rahmen, den wir für unser Bild gezogen.

Wir gelangen nun zu jenen materiellen Lebensfragen, welche den Staatsbürger direct in seiner Existenz berühren.

Freiheit der Gewerbe. — Das beginnende Jahr brachte sie uns eben, und gewiß in so auffallender Art und weiser Mäßigung, wie es ein solcher Uebergang erheischt. Da ist keine Halbheit, es ist ein gedachtes Ganzes!

Regelung der directen und indirecten Steuern; auch diese ist angebahnt.

Der Zölle, zur Begünstigung des Handels mit wohlbedachtem Schutze der eigenen Industrie — eine Frage, die zum Theil auf das Gebiet von Fachmännern gehört.

Der Wuchergesetze, um dem Wucher die gefährliche Spitze abzubrechen, und größere Kapitalien zugänglich zu machen.

Endlich die Regelung der Gemeinden, und auf diese basirt, des Weiterbaues nach Oben.

Wir gelangen damit von selbst zu den Vertrauensmännern, der Oeffentlichkeit ihrer Verhandlungen und dem Einflusse der Presse.

Inwieweit die Arbeiten der ersteren den Erwartungen nach beiden Richtungen entsprochen haben mögen, darüber steht uns noch kein Urtheil zu, und wir lieben es nicht in den Tag hinein zu polemisiren.

Der Gedanke muß jedenfalls im Principe als der allein richtige erkannt werden, nur dürfte er noch eine breitere Basis erhalten, um so fruchtbringend sich zu gestalten, wie es gewiß der Wille ist.

An die Oeffentlichkeit der Verhandlungen, welche wir mit der größten Genugthuung begrüßten, reiht sich selbstverständlich die freie Presse, dieses klippenreiche Meer, dessen scharfe Felsenzacken theils verrätherisch unter der Oberfläche lauernd, theils tosend die Wogen in betäubender Brandung zurückwerfend, den Kiel des Staatsschiffes bedrohen, dasselbe aber auch mit kühner Faust am Steuer in den sicheren Hafen führen.

Alle von uns nur andeutungsweise berührten Mängel, Gebrechen und Mißbräuche, die unwiderruflich an jedem Menschenwerke haften, finden die möglichste Lösung und Abhülfe in der freien Discussion!

Jede Beschränkung in dieser Richtung ist vom Uebel, und führt vom Ziele ab, ohne eine Gefahr zu beseitigen.

Ein heißblütiger Freiheits-Enthusiast hat einmal von der Tribune die gewichtigen Worte geschleudert: „Gebt mir die Presse frei, und ich erobere mit ihr alle anderen Freiheiten!"

Wir wiederholen diese Worte, aber in anderer Deutung:

„Gebt die Presse frei, und ich erobere mit ihr das Wohl der Fürsten und der Völker.

Fügen wir bescheiden, nüchtern hinzu: — so weit es menschliche Kräfte zu erringen vermögen!" — denn utopischen Träumen gönnen wir keine Geltung.

Es ist nicht zu zweifeln, daß eine Masse von Unsinn, ja selbst Lächerlichkeit uns überschwemmen wird.

Die Klause, wenn sie losgelassen, bringt mit der Fluth und den Stämmen, — Trümmer, Schaum und Schlamm, und die Wogen brausen trübe und sich überstürzend daher. — Aber allmälig klären sich die Wasser, und haben uns den **Reich**=**thum der verschlossenen Waldesschlucht zugeführt!**

Ueberschreitungen zähme und strafe das Gesetz.

Hochverrätherische, den Staat bedrohende Tendenz, absichtliche Beleidigung, Schmähung von Personen, Körperschaften, Behörden, Verletzung der Religion und Moral, Verleumdung — mögen die härteste Ahndung finden.

Das Gesetz muß aber **präcisirt**, das Verbrechen **erwiesen** sein.

Um jede unfruchtbare Discussion in der Wurzel abzuschneiden, stelle die Regierung offen ihr Programm — über das, was sie geben kann und nicht kann, und die Ueberschreitung der gegebenen Gesetze verwirke das Vorrecht. — Dagegen sei **nach jeder anderen Richtung freier Ausdruck** gestattet!

Warum ist in England die Presse keine Gefahr, sondern eine Hülfe der Regierung?

Weil sie **ungescheut Alles** sagen darf!

Die Finanzfrage berühren wir wahrlich nur, um zu zeigen, daß wir ihrer nicht vergessen. Was nützt es, darüber zu sprechen, wenn doch keine directe Hülfe geboten werden kann.

Sagen wir uns zu einigem Troste, daß es die Achilles=Ferse aller Regierungen längst geworden.

Indirecte und für die Folge sicherste Hülfe liegt in der **richtigen Lösung der bereits besprochenen Andeutungen.**

Diese Fruchtkörner brauchen aber ihre Zeit zum Keimen

und Reifen und werden wahrscheinlich im Beginne mit so manchem Unkraut aufschießen; das muß **überstanden** werden.

Darum um jeden Preis **freies Wort!** denn die in der Entwickelung zu Tage tretenden Wahrnehmungen, werden die höchste Beachtung und Erwägung nach allen Richtungen erheischen, und die Beamten a l l e i n, — dies ist so ziemlich erwiesen, und seien sie insgesammt vollkommen befähigt, vom eifrigsten Pflichtgefühl beseelt, — genügen hierzu n i c h t!

Vorläufig ist höchst möglichste Sparsamkeit bereits zur Pflicht gemacht, und wir glauben mit Zuversicht, daß die eingeleitete Ueberwachung und Kontrolle der Staats Ausgaben und Einnahmen und des Staatsschuldenwesens, die goldene Frucht des V e r t r a u e n s bringen wird.

XII. Schluß.

Wir eilen dem Ende zu, indem wir gestehen, viel breiter geworden zu sein, als unsere Absicht war.

Selbstverständlich konnte nicht von Ausarbeitung eines Regierungs-Programmes die Rede sein, wozu sich nicht im Entferntesten die Anmaßung in uns regt.

Wir glauben in den gegebenen Andeutungen verständlich gewesen zu sein, — fassen wir nun kurz zusammen, was wir noch zu sagen haben, um unsere Gedanken im Ganzen klar zu machen.

Wir halten die constitutionelle Regierungsform für den österreichischen Kaiserstaat n i c h t zum Wohle und Gedeihen seiner Völker anwendbar, sind aber der Meinung, daß eine t h e i l w e i s e Benützung d e m W e s e n n a c h zum Bedürfnisse geworden ist.

Das Princip der Centralisation muß unabänderlich aufrecht erhalten werden.

Jedes Nachgeben in dieser Richtung führt zur Zersetzung, und die Gelüste hierzu müssen entschieden hintangehalten, — ja, wenn und wo es noththun sollte, mit der starrsten und unbeugsamsten Strenge ausgerottet werden.

Jedes Kronland jedoch fände in seinen Ständen wo thunlich auf geschichtlicher Basis mit jenen Aenderungen, welche die dermaligen Zeitverhältnisse erheischen, und welche die Vertretung eine Wahrheit werden lassen, seinen Ausdruck.

Adel, Bürger (Gelehrte, Handel, Industrie, Gewerbe), Landmann in angemessener Dividende. Der Modus für die Wahlen bedürfte für den Erstfall der Octroirung mit Vorbehalt späterer Regelung oder etwaiger Aenderung.

Mit Hülfe dieser Stände und dem Principe der Oeffentlichkeit und der freien Presse sind genügend nach beiden Richtungen — Regierung, Staatsbürger — Mittel geboten, den Bedürfnissen gerecht zu werden.

Zur Besprechung, Berathung, — Erörterung von Fragen, welche den Staat in seiner Gesammtheit berühren, könnte aus diesen Ständen der Kronländer von Fall zu Fall, oder je nach von der Regierung erkanntem Bedarfe, eine Versammlung berufen werden.

Diese temporäre Reichskammer, oder wie man sie nennen wollte, würde in Wien tagen.

Der Sprachenfrage konnten wir nie jene Wichtigkeit zuerkennen, welche ihr vielseitig gegeben wird. — Wir würden selbst den höhern Unterricht in den verschiedenen Kronländern nicht binden, und nur zur unerläßlichen Bedingniß die deutsche Reichssprache in Schrift und Wort, für den Staatsdienst feststellen.

Ebenso würde für den Verkehr aller Behörden unter sich die deutsche Sprache als Reichssprache unabänderlich zu gelten haben, dagegen die Beziehungen zum Volke in der betreffenden Landessprache ihren Ausdruck finden.

Verschmäht es dann eine Nationalität das Opfer zu bringen, ihre intelligente Jugend in der Reichssprache zu unterrichten, so möge sie wohlverschuldet die Consequenzen hinnehmen.

Ueber Freiheit der Culten, Achtung der Nationalitäten mit vollkommen gleicher Berechtigung für Alle, Aristokratie, und das rechte Maß ihrer Stellung, Bevorzugung, Mängel und Gebrechen, freier Bewegung von Handel, Industrie, Gewerbe ꝛc. nach allen Richtungen mit den Schranken, welche von höheren

Rücksichten dem Staate als Pflicht geboten werden, um dem Staatsbürger zu ermöglichen, die nothwendig gewordenen Lasten zu tragen; Regelung, Vereinfachung der Controlle, Finanzen, Heer 2c. haben wir an Ort und Stelle besprochen.

Daß wir die freie Presse als Haupthülfe zur Durchführung so vieler schwieriger Aufgaben erkennen, müssen wir wiederholen. — Wir gestehen zwar, daß wir nicht ohne Besorgniß sind, diese Freiheit überschäumen, auf Abwege gerathen zu sehen, und wünschen daher verschärfte, aber präcisirte Gesetze, in dieser Richtung. —

Wer die Wohlthat mißbraucht, macht sich derselben unwerth und verlustig. —

Von weiterer Ausdehnung constitutioneller Zugeständnisse wäre unsre Meinung vor der Hand absehen zu müssen.

Wir besorgen Ueberstürzung, und stimmen daher in der Wahl unter zwei Uebeln gegenwärtig für jenes, welches wir für das Geringere halten.

Geben wir dem Vertrauen in den redlichen Willen den weitesten Spielraum — ist doch auch kein Grund vorhanden diesen zu bezweifeln, waren doch nur die Mittel vergriffen.

Nur in Bezug der Gebahrung und Verwendung der Staatsgelder müßte eine factische Kontrolle ins Leben gerufen werden, sonst bliebe der Credit unwiderruflich verloren.

Die bewaffnete Macht bleibe unberührt von allen politischen Fragen in der festen Hand des Landesfürsten. Der Soldat hat nichts zu politisiren, er soll gehorchen, und der Regsamkeit seines Geistes ist Spielraum genug geboten, wenn er den Anforderungen für seine höheren Standesaufgaben gerecht werden will.

Es giebt keinen rascheren Sturz als da, wo im Innern das Schwert sich zum Gewicht in der Waagschale aufwirft.

Das was hier angedeutet, zu einem festen Prinzipe ausgeprägt, redlich angestrebt und durchgeführt, mit eben so redlichem Eifer und Beseitigung aller chimärischen Sondergelüste von den Bürgern aller Standesstufen und Zeugen des Gesammtstaates vertrauensvoll unterstützt, kann Oesterreichs tief geschlagene Wunden heilen, und dessen Genius, der schon so oft seine Gauen schirmend umschwebte, wird die bereits gesenkte Fakel wieder hoch über die Fittiche des kaiserlichen Aars schwingen.

Ehe wir die Feder zur Seite legen, bekennen wir frei und offen, daß wir uns recht wohl der Urtheile bewußt sind, welche unser warten.

Man möge uns verdammen, mitleidig belächeln, einer Zwitterschaft von Fleisch und Fisch, endlich der Halbheit die wir so ernst bekämpften anschuldigen, es ist uns ganz gleichgiltig, und kümmert uns nicht im geringsten, denn wir vertreten eine Ueberzeugung!

Trotz dem Dampfe gehören bis nun die Siebenmeilenstiefeln in das Gebiet der Mythe, und Napoleon der dritte hat ein Schauspiel geschaffen, welches die Welt noch nicht gesehen. Er ist Despot im weitesten Sinne des Wortes, und außer Frankreichs Grenzen vertritt er die Freiheit. Die Welt glaubt ihm nicht, aber sie gehorcht ihm.

Zu welchem Nichts schrumpfen vor diesen Thatsachen alle Theorien zusammen.

Wir lieben unseren Fürsten und unser Vaterland. Wir sind ein Mal der Meinung, daß auf die vorgeschlagene Weise geholfen werden kann, und folgten dem Drange in der Brust, unseren Gedanken auszusprechen.

Druck von Gustav Bär in Leipzig.